1084

Editorische Notiz

Der Mann von der anderen Seite erschien erstmals 1990 in deutscher Sprache bei Elefanten Press und wurde mit dem Mildred L. Batchelder Award, dem National Jewish Book Award, dem Katholischen Kinderbuchpreis sowie dem Preis der Leseratten ausgezeichnet. Für diese Ausgabe wurde das Buch durchgesehen und der neuen Rechtschreibung angepasst.

Uri Orlev

Der Mann von der anderen Seite

Roman

Aus dem Hebräischen
von Mirjam Pressler

Mit einem Nachwort
des Autors

EIN **GULLIVER** VON **BELTZ & GELBERG**

www.gulliver-welten.de
Gulliver 1084
© 2007, 2008 Beltz & Gelberg
in der Verlagsgruppe Beltz · Weinheim Basel
Alle deutschsprachigen Rechte vorbehalten
Die Originalausgabe erschien 1988 bei Keter Publishing
unter dem Titel *Ha ish min ha-tzad ha-acher*
Copyright © 1988 by Uri Orlev
Aus dem Hebräischen von Mirjam Pressler
Neue Rechtschreibung
Markenkonzept: Groothuis, Lohfert, Consorten, Hamburg
Einbandgestaltung: rgb, Hamburg
unter Verwendung eines Fotos von © akg-images/Denise Bellon
Gesamtherstellung: Druck Partner Rübelmann, Hemsbach
Printed in Germany
ISBN 978-3-407-74084-7
1 2 3 4 5   12 11 10 09 08

1 Unter der Stadt

Ich erinnere mich genau an den Tag, als meine Mutter und mein Stiefvater beschlossen, dass ich mit in die Abwässerkanäle hinuntersteigen müsse, um beim Tragen der Waren zu helfen. In der Kriegszeit ernährte mein Stiefvater die Familie nicht nur mit seiner festen Arbeit, sondern auch dadurch, dass er Nahrungsmittel ins Ghetto schmuggelte. Seit die Juden dort eingeschlossen waren, starben sie fast vor Hunger und waren bereit, für Essen fast jede Summe zu bezahlen.

Wir waren drei, meine Mutter, er und ich.

Ich belauschte das nächtliche Gespräch, ein Gespräch, das zu einem Streit wurde, was zwischen meiner Mutter und meinem Stiefvater fast nie vorkam. Mein Stiefvater beharrte darauf, dass ich ihm helfen müsse, damit er größere Mengen Ware mitnehmen könne und nicht selbst so viel zu schleppen hätte. Es sei an der Zeit, sagte er zu meiner Mutter, dass ich ihm helfe, die Familie zu ernähren.

»Er ist kein Kind mehr«, hörte ich ihn sagen. »Obwohl er erst vierzehn ist, hat er doch Kraft wie ein Zwanzigjähriger.«

Meine Mutter widersprach ihm heftig. Sie sagte, das sei zu gefährlich.

Ich drückte mein Ohr an eine andere Stelle am Fußende meines Bettes, wo die Wand hohl war, so konnte ich sie besser verstehen.

Ich war erschrocken, aber mein Schreck dauerte nur einen

Moment. Ich hatte die Kanalisation immer widerlich gefunden, ein Ort unter der Erde, unter den Häusern und den Straßen. Das hieß, ein Ort nahe der Hölle.

Ich mochte meinen Stiefvater nicht, und wenn ich an ihn dachte, fiel mir immer zuerst sein Kanalgeruch ein.

Doch nach dem ersten Schreck erwachte die Neugier in mir und das Abenteuer lockte mich. Ein Abenteuer, von dem keiner meiner Freunde vom Hof, von der Straße oder der Schule auch nur etwas ahnte.

Gespannt hörte ich der Diskussion zu, und je mehr meine Mutter widersprach, umso mehr wollte ich es. Mein Stiefvater sagte, dass ihm kein anderer helfen könne, noch nicht mal ihr Bruder. Denn der würde den Portier seines Hauses, mit dem er dunkle Geschäfte machte, in die Geschichte hineinziehen, und wer weiß, wen sonst noch alles. Auch seinen Freunden könne er nicht trauen, denn für eine Million Zloty könne man jeden kaufen. Aber auf den Jungen könne er sich verlassen.

Er nannte mich »Junge«, als er mit meiner Mutter über mich sprach.

Ihr Widerstand wurde allmählich schwächer, und am Schluss stimmte sie zu, jedoch nur unter der Bedingung, dass er mich nicht zu irgendwelchen gefährlichen »Aktionen« mitnehmen würde.

Am nächsten Morgen sagte meine Mutter beim Frühstück, sie müsse etwas mit mir besprechen, etwas Wichtiges. Ich machte ein erstauntes Gesicht.

»Du musst helfen, die Familie zu ernähren. Du musst mit Antoni in die Kanalisation und ihm helfen, die Ware ins Ghetto zu bringen.«

»Als ob das so schlimm wäre«, sagte ich.

Trotzdem war ich aufgeregt. Obwohl ich schon alles wusste.

»Über die Einzelheiten reden wir heute Abend, mit Antoni«, sagte meine Mutter und schickte mich zur Schule.

Beim Abendessen bat sie meinen Stiefvater, er solle mir alles erklären. Antoni zuckte mit den Schultern und sagte, es gebe nichts zu erklären.

»Er wird schon selbst sehen«, meinte er und aß weiter.

Mein Stiefvater war kein großer Redner.

Am nächsten Abend war es so weit.

Ich erinnere mich, dass ich die alten Stiefel meines Stiefvaters anzog. Meine Mutter fettete sie noch gut ein. Sie waren mir etwas zu groß, aber meine Mutter stopfte sie vorn mit Lappen aus, damit meine Füße Halt fanden. Mein Stiefvater packte die Grubenlampe, die er immer mitnahm, wenn er sich auf den Weg machte, und wir gingen durchs Treppenhaus in den Keller, nachdem meine Mutter nachgeschaut hatte, ob niemand im Flur war. Die Säcke mit der Ware befanden sich bereits unten.

Bis dahin hatte ich nicht gewusst, an welcher Stelle mein Stiefvater in die städtische Kanalisation einstieg. Immer hatte ich mich gewundert, wie es ihm wohl gelang, die Ware durch einen Einstieg hineinzubringen, den seine Arbeitskollegen auch kannten. Ich dachte, es gebe vielleicht irgendeinen besonderen Einstieg, den nur die Kontrolleure und die Männer kannten, die alles instand hielten, und durch den sie hinunterstiegen, ohne dass sie von irgendjemandem gesehen würden. Aber diese Idee war nicht besonders logisch.

Selbstverständlich kannte ich die Deckel, die meist an den Straßenecken zu finden waren. Viele Male hatte ich gesehen, wie die Arbeiter im Winter, wenn sie den Schnee zusammengefegt hatten, einen Deckel öffneten und den Schnee hineinschippten. Natürlich konnte man durch eine solche Öffnung unmöglich die Ware hineinbringen, weder bei Tag noch bei Nacht, nicht vor der Sperrstunde und nicht danach, ohne dass man sofort entdeckt worden wäre.

An jenem Abend stellte ich fest, dass mein Stiefvater einen privaten Einstieg zur Kanalisation hatte, direkt von unserem Kellerverschlag aus.

Ich half ihm, die Kohlensäcke in die Ecke zu schieben. Dann fegte er den Kohlenstaub zusammen und eine Luke im Fußboden kam zum Vorschein. Als er sie öffnete, lag ein Einstieg zur zentralen Kanalisation vor uns.

Er stieg als Erster hinein und hob die Lampe, damit ich die Sprossen der Eisenleiter sehen konnte, und meine Mutter reichte mir seinen Sack, den ich an ihn weitergab. Dann hielt sie mir den Sack hin, den ich tragen sollte. Im ersten Moment kam er mir nicht besonders schwer vor, obwohl ich meiner Mutter ansah, dass sie anderer Meinung war. Doch sie sagte nichts. Ich stieg hinunter.

»Viel Erfolg!«, rief uns meine Mutter nach und schloss den Deckel.

Alles war feucht, glatt und stank, und als Antoni den Weg vor uns beleuchtete, sah ich Dämpfe aufsteigen und den Lichtstrahl vernebeln. Im ersten Augenblick fühlte ich das starke Bedürfnis, mich umzudrehen und zu fliehen. Aber ich floh nicht. Das war allerdings nicht mein Verdienst. Ich war bereit, eine noch viel größere Angst zu ertragen und keinen Ton von mir zu geben, nur um meinem Stiefvater nicht den Gefallen zu tun, dass er auf meine Kosten lachen konnte.

Am Anfang war alles in Ordnung. Wir gingen aufrecht an der Seite des Kanals, in dem die Abwässer flossen. Der Sack wurde schon schwerer, aber ich glaubte, ich könne durchhalten. Schlimm war nur, dass Antoni mir nicht sagte, wie lange es dauern würde. Dann kamen wir an eine Stelle, an der wir gebückt durch das Wasser gehen mussten, das uns erst nur bis zu den Knöcheln ging, dann bis zu den Knien.

Später kam eine Strecke, die ich fast nicht schaffte. Zum Glück war sie relativ kurz. Dort mussten wir regelrecht kriechen. Es handelte sich um den Übergang zwischen zwei Hauptkanälen.

In jener Nacht musste Antoni die Ware zu einem anderen Ort als dem üblichen bringen. Ich erinnere mich noch genau an alles. Meine Hände fühlten sich an, als wären sie aus Stein, und ich hatte Angst, meine Finger würden sich gleich von alleine öffnen, als könnte ich die Herrschaft über sie verlieren. Auch meine Beine fingen an zu zittern. Vielleicht wegen der gebückten Haltung beim Gehen, an die ich nicht gewöhnt war. Ich atmete schwer, sagte aber kein Wort. Ich wäre lieber gestorben, als ihm zu sagen, dass ich mich ausruhen wollte.

Und dann kamen wir an eine Stelle, an der Bretter in einer Nische in der Wand standen. Er nahm ein Brett und stellte seinen Sack darauf ab. Dann nahm er das zweite Brett und half mir, meinen Sack vom Rücken zu nehmen, und wir setzten uns hin. Mein Stiefvater rauchte eine Zigarette und sagte kein Wort. Als er fertig geraucht hatte, stand er auf und ging weiter. Ich folgte ihm mit schleppenden Schritten.

Erst als wir uns zum zweiten Mal ausruhten, fing er an, mit mir zu reden.

»Mir fällt es auch schwer, Marek, denk dir nichts.«

»Und wie schaffst du es?«, fragte ich und atmete keuchend.

»Ich höre auf zu denken. Ich schiebe einfach alle Gedanken aus meinem Kopf. Ich denke nur an den nächsten Schritt oder an die nächsten zehn Schritte, die vor mir liegen, als gebe es sonst nichts. Und dann wieder der nächste Schritt, und sonst nichts. Oder ich denke daran, wie ich erst einen Fuß hebe, dann den anderen, und das ist alles.«

Langsam lernte ich es auch. Im Laufe der Zeit gelang es mir, meinen Kopf leer zu machen, wenn mir das Gehen schwerfiel. Vielleicht gewöhnte sich auch mein Körper daran und ich wurde stärker. Ich hatte genau verstanden, was mein Stiefvater meinte, als er mir zu erklären versuchte, wie er seinen Kopf gedankenleer machte. Oft betete ich auch. Ich wiederholte immer dasselbe Gebet, wie die alten Frauen in der Kirche, die die Perlen des Rosenkranzes durch ihre Finger gleiten lassen.

Natürlich konnte ich vor meinen Freunden nicht angeben und ihnen erzählen, was ich tat. Das Erste, was meine Mutter in Anwesenheit meines Stiefvaters zu mir sagte, war, dass ich den Mund halten müsse, wenn mir mein Leben und das ihre lieb seien.

Von Anfang an hasste ich diese Gänge durch die Kanalisation, aber ich hatte keine Wahl. Mein Stiefvater hatte Recht, ich musste helfen, die Familie zu versorgen. Und wir kamen tatsächlich jedes Mal mit viel Geld zurück, auch mit Dollars und englischen Pfund in Goldmünzen.

Manchmal wurde ich von einer Art unvernünftiger Angst gepackt, dass der Tunnel plötzlich über mir einstürzen und mich begraben könnte. Dann würde ich keine Luft mehr bekommen und ganz langsam ersticken. Einfach die Angst davor, eingeschlossen zu sein. Glücklicherweise befiel mich diese Angst nur selten. Auch heute bekomme ich sie manchmal, wenn ich mit dem Aufzug fahre, aber nicht immer, und ich weiß nie im Voraus, wann sie kommt.

Mein Stiefvater arbeitete schon seit seiner Jugend in der Kanalisation, aber den Posten als Aufseher hatte er erst bekommen, als die Deutschen die Stadt besetzten. Der frühere Aufseher und auch sein Stellvertreter waren bei den Bombardierungen umgekommen.

Er kannte das Labyrinth unter der Stadt so gut, wie ich meinen Schulweg kannte. Da er schon viele Jahre dort arbeitete und im Laufe der Zeit von Bezirk zu Bezirk gewandert war, kannte er die ganze Innenstadt und sogar die Kanäle, die schon lange nicht mehr benutzt wurden oder die bei den Bombardierungen verschüttet worden waren. Auf den Karten der städtischen Abwasserversorgung waren sie als nicht mehr bestehend eingezeichnet.

Und trotzdem war es nicht völlig unbegründet, dass meine Mutter sich Sorgen machte.

Keiner konnte wissen, dass wir dort unten waren, außer anderen Schmugglern, falls wir welche getroffen hätten. Aber wir trafen keine. Auch Arbeitskollegen meines Stiefvaters hätten das Geheimnis eines Tages zufällig entdecken können, aber auch das war bisher nie passiert, und mein Stiefvater war sicher, dass keiner von ihnen auch nur den geringsten Verdacht hegte.

Wer uns hätte verraten können, waren die Juden, durch deren Keller wir jedes Mal mit der Ware hinaufstiegen. Aber die Juden waren auf die Nahrungsmittel angewiesen, und sie verdienten natürlich auch etwas, indem sie einen Teil der Ware an andere verkauften. Selbstverständlich wussten sie nicht, von wo wir kamen. Aber das hätte die Gestapo schon herausgebracht, wenn sie uns dort einmal erwartet hätte. Vielleicht nicht von meinem Stiefvater, aber zweifellos von mir.

Doch ein anderer entdeckte die Sache, ein Arbeitskollege von Antoni, ein Mann namens Krol.

Als das passierte, verstand ich plötzlich, was mein Stiefvater gemeint hatte, als er in der Nacht mit meiner Mutter gesprochen hatte. Ich meine das, was er über Vertrauen gesagt hatte, dass er sich auf keinen verlassen könne, noch nicht mal auf meinen Onkel.

Das ist es, was in Kriegszeiten passiert. Alles, was man über Familienmitglieder oder Freunde und Nachbarn denkt, kann plötzlich falsch sein. Sogar die engsten Verwandten können einen verraten oder einem wenigstens Schwierigkeiten machen. Denn wenn die Menschen Angst haben, wenn sie hungern oder auf irgendeine ungesetzliche Art versuchen, zu Geld zu kommen, werden sie plötzlich ganz anders, als sie es in Friedenszeiten waren.

Meine Mutter sagte immer, mein Stiefvater reiße nur den Mund auf, aber in Wirklichkeit sei er nicht fähig, auch nur einer Fliege ein Leid anzutun.

Doch auf einem unserer Gänge durch die Kanalisation folgte uns Krol. Wahrscheinlich hatte er schon lange vorher einen Verdacht gegen meinen Stiefvater gefasst und angefangen, ihm nachzuspionieren. So hatte er wohl entdeckt, dass Antoni Waren kaufte, und es war nur ein Glück, dass er seinen Verdacht für sich behalten hatte. Er nahm sein Geheimnis mit ins Grab. In ein Grab auf dem jüdischen Friedhof, vermute ich.

Es war in den frühen Morgenstunden, als wir mit der Ware unten waren. Plötzlich hörten wir ein Lachen und jemand richtete eine Taschenlampe auf uns.

Herr Krol erwartete uns. Er stand in einer Biegung, hatte eine Taschenlampe in der Hand und lachte. Die Taschenlampe hatte er nicht gleich angemacht, sondern erst, als wir schon ganz nahe bei ihm waren. Und dann stieß er dieses widerliche Lachen aus und sagte, dass wir ab jetzt den Gewinn teilen würden.

Antoni verzog keine Miene, als sei es nicht im Geringsten seltsam, dass Krol dort auf uns lauerte, und antwortete direkt und sachlich. »Gut, dann aber auch die Investition und das Risiko.«

Das war nur recht und billig. Krol sollte ebenfalls Geld in die Ware investieren und uns beim Schleppen helfen. Mein Stiefvater schlug ihm das vor, aber Herr Krol weigerte sich. Er wollte lediglich, dass wir ihm Schweigegeld bezahlten, damit er uns nicht verriet. Ganz einfach. Das, was man Erpressung nennt.

»Geh dort hinter die Kurve, Marek«, sagte Antoni zu mir, »ich muss mit Herrn Krol unter vier Augen sprechen.«

Ich ging um die nächste Biegung. Mein Stiefvater leuchtete mir, bis ich verschwunden war. Aber natürlich ging ich sofort zurück, um zu sehen, was passierte.

Mein Stiefvater stellte seinen Sack in den Schmutz, denn hier gab es kein Brett. Dann ging er zu Herrn Krol. Ich war sicher, er wolle nur leise mit ihm reden … und plötzlich lag

Herr Krol im Kanal. Erst dann sah ich das Messer. Mein Stiefvater wischte es an Herrn Krols Kleidung ab und versteckte es in seinem Mantel. Er zog ein Band aus der Tasche, ein weißes Band mit einem blauen Davidstern, wie es alle Juden in Warschau am Oberarm tragen mussten, und schob es über Herrn Krols Arm.

Damals hatten wir immer einige solcher Bänder dabei, denn im Ghetto verließen wir die Kanalisation und brachten unsere Waren zur Karmelickastraße. Dabei trugen wir diese Bänder um den Arm.

Ich sah, dass mein Stiefvater schon den Fuß ausstreckte, um Herrn Krol in die Strömung zu schieben. Aber da hielt er inne, bückte sich und wühlte in Herrn Krols Taschen. Er zog etwas heraus, wahrscheinlich Geld, und steckte es in seine eigene Tasche. Er zerriss einige Papiere und warf sie in die Strömung. Dabei schaute er schnell noch einmal in meine Richtung. Dann schob er Herrn Krol mit dem Fuß auf seine letzte Reise und danach rief er mich. Ich tat, als hörte ich nichts, und erst nach dem zweiten oder dritten Mal ging ich zu ihm und half ihm, den Sack wieder auf den Rücken zu heben. Ich habe niemandem ein Wort von dem, was ich gesehen hatte, gesagt, natürlich auch nicht meiner Mutter.

Wenn wir zur Karmelickastraße gingen, stiegen wir in einem Vorratskeller in der Lesznostraße 56 aus und machten uns von dort normalerweise mit dem größten Teil der Ware auf den Weg. Ich kann das Ghetto nicht vergessen. Der Weg war nicht lang, und die Juden im Vorratslager gaben uns Kleider zum Wechseln, damit wir auf der Straße nicht so stanken. Übrigens, es war schrecklich, die stinkenden und nassen Kleider wieder anzuziehen, wenn wir dorthin zurückkamen, um unseren Heimweg durch die Kanalisation anzutreten.

Wir gingen mit den Säcken auf dem Rücken zwischen all den Juden, und manchmal versuchte ich mir vorzustellen, ich sei einer von ihnen. Und an den Plätzen, von denen aus man zu unserer Seite hinüberschauen konnte, hob ich den Kopf und schaute über die Mauer.

Jedes Mal, wenn ich von einem solchen Gang zurückkam, hatte ich nachts Alpträume, vor allem wegen der Kinder, die am Straßenrand saßen und um ein Stück Brot bettelten. Es lagen auch Leute auf dem Bürgersteig, denen der Speichel aus dem Mund lief. Mein Stiefvater sagte, sie würden sich einfach den Mund mit Seifenwasser füllen, um Mitleid zu erregen. Aber es gab unter ihnen auch Menschen, deren Körper schon mit Zeitungen bedeckt waren.

Mein Stiefvater verbot mir, die Kinder anzuschauen, denn einmal merkte er, dass ich nahe daran war, den Sack vom Rücken zu nehmen, ihn zu öffnen und das Essen unter die hungrigen Kinder zu verteilen. Er sagte, wenn herauskäme, wer wir waren und was wir in unseren Säcken hatten, wäre das unser Ende.

Es gab noch andere Schmuggler, größere als wir, die in Banden organisiert waren, rohe, gewalttätige Menschen mit Verbindungen zu den Polizisten und zu den Deutschen, die die Tore zum Ghetto bewachten. Diese Schmuggler hatten natürlich vor nichts Angst. Aber wir waren »Selbstständige«, nur wir beide, und unsere ganze Sicherheit beruhte auf unserem geheimen Weg durch die Kanalisation und auf der Geheimhaltung.

Manchmal waren die Straßen im Zentrum des Ghettos

voller Menschen, und dann war es schwer, durchzukommen. Die jüdischen Polizisten regelten den Verkehr. Wer in die eine Richtung wollte, musste links gehen, die anderen, die in die Gegenrichtung wollten, rechts. Und die jüdischen Polizisten achteten darauf, dass in der Mitte ein schmaler und leerer Pfad blieb. Sonst wäre kein Mensch zu seinem Ziel gekommen.

Ich erinnere mich an mein Erstaunen, als ich sah, wie ein jüdischer Polizist einen Jugendlichen schlug. Ich glaube, das war beim zweiten Mal, als ich mit Antoni im Ghetto war, denn beim ersten Mal war es Nacht und wir gingen nicht auf die Straße. Bis dahin hatte ich geglaubt, dass es nur bei uns gemeine Polizisten gebe. Nie hätte ich gedacht, dass es auch bei den Juden so war.

Meine Mutter sagte immer, die Juden würden zwar einen Fremden verraten, und auch ein Pole war für sie ein Fremder, aber nie würde einer dem anderen etwas Böses antun. Sie sprach immer davon, wie hilfsbereit die Juden untereinander waren. Und plötzlich sah ich, dass sie Polizisten hatten, die sich wie unsere Polizisten benahmen. Später erfuhr ich, dass es auch im Ghetto Verräter und Denunzianten gab, genau wie bei uns.

Als ich zum ersten Mal in die Karmelickastraße kam, traute ich meinen Augen nicht. Es gab dort Geschäfte voller Delikatessen. Wenn ich nicht überall die hungrigen Kinder gesehen hätte, hätte ich geglaubt, dass es den Juden hier gut gehe. Antoni erklärte mir, dass an der Kreuzung der Karmelickastraße und der Nowolipiestraße, gegenüber vom Hotel *Britannia*, das Vergnügungs- und Handelszentrum der reichen Juden war, der Devisenhändler, der Handlanger der

Gestapo, der Schmuggelbosse und anderer Männer der Unterwelt. Zu jener Zeit verdienten wir dort unser Geld.

Aber ich will noch von meinem ersten Gang durch die Kanäle erzählen.

Endlich kamen wir an. Ich dachte, noch ein Schritt und ich werde ohnmächtig. Mein Stiefvater ließ den Sack unten stehen und stieg eine Eisenleiter hinauf. Dann hob er die Lampe, nahm eine Eisenstange, die neben der Leiter an einer Kette hing, und schlug damit von unten gegen eine eiserne Luke, sieben Mal in einem ganz bestimmten Rhythmus. Er wartete einen Moment, dann wiederholte er die Schläge, bis man uns öffnete.

Die Abmachung war folgendermaßen: Wir riefen an und gaben eine verschlüsselte Nachricht durch, sodass nur unsere Kunden verstehen konnten, an welchem Tag und zu welcher Stunde wir kamen. Wir riefen den »Doktor« an, einen polnischen Angestellten der Fabrik, der ein Telefon hatte. Dafür, dass er die Nachricht weitergab, bekam er Bestechungsgelder von unseren Kunden, die dann zur abgemachten Zeit auf uns warteten.

Auch später, als wir schon zur »Bürstenmacherei« gingen, nachdem die Deutschen den größten Teil der Juden aus dem Ghetto deportiert hatten, benutzten wir diese Methode. Nur dass wir dann nicht mehr den »Doktor« anriefen, sondern einen polnischen Werksangestellten.

Die festen Kunden meines Stiefvaters waren in jener Zeit drei Brüder, fromme Juden wie jene, die ich vor dem Krieg im jüdischen Viertel gesehen hatte. Diese Leute waren mir immer fremd und hässlich vorgekommen. Vielleicht wegen ihrer seltsamen Kleidung, vielleicht wegen der Bärte und der

Schläfenlocken, vielleicht wegen ihrer fremden Sprache oder wegen allem zusammen, wegen der Armut und der Enge, in der sie auch vor dem Krieg schon gelebt hatten.

Damals, als ich zum ersten Mal im Ghetto war, erschrak ich bei ihrem Anblick. Sie beugten sich über die geöffnete Luke über uns und streckten die Arme aus, um uns zu helfen, die Säcke hinauszuheben. Wir ruhten uns ein bisschen aus, und nachdem Antoni seine steifen Finger gerieben hatte, machte er unsere mitgebrachten Säcke auf. Ich nahm die Ware heraus und reichte ihm Stück für Stück und er legte alles vor die drei Juden hin. Sie murmelten etwas in ihrer Sprache und ihre Augen glänzten. Antoni breitete alles aus, das Brot, den Käse, die Butter, die gesalzenen Fische, die Äpfel und den Zucker, stellte die Wodkaflaschen dazu, hausgebrannt, und alles andere. Nachdem ich die Säcke geleert hatte, setzte ich mich schwer atmend hin, und er ordnete alles ganz gemütlich, als wollten wir ein Lebensmittelgeschäft eröffnen und für immer dableiben.

Mein Stiefvater konnte kaum die Zeitung lesen, aber er sprach Jiddisch. Ich erinnere mich, wie verblüfft ich war, als ich ihn auf meinem ersten Gang ins Ghetto mit den Juden in ihrer Sprache sprechen hörte. Die Antisemiten machten oft zum Spott den Singsang der jiddischen Sprache nach. Mein Stiefvater gehörte wahrhaftig nicht zu jenen, die etwas für die Juden übrig hatten, und trotzdem sprach er plötzlich wie sie, in genau dem Tonfall, der mir damals lächerlich vorkam.

Im Laufe der Zeit wurde Antonis Beziehung zu den drei Brüdern freundlicher, aber damals war er ihnen gegenüber noch unnachgiebig. Auch sie schenkten ihm Vertrauen, nachdem sie ihn kannten, und bewirteten uns mit jüdischen

Spezialitäten, die sie für uns in den Keller brachten. Wir stanken so sehr, dass man uns nicht in die Wohnung einladen konnte.

Als ich das erste Mal dabei war, fürchteten sie sich noch vor uns. Ich erinnere mich, dass mein Stiefvater doppelt so viel von ihnen verlangte, wie wir eigentlich haben wollten. Unterwegs hatte er mir schon eingeschärft, ich solle ja den Mund halten, wenn er mit ihnen handelte.

Aber schon damals boten sie uns Tee und Süßigkeiten an, als alles Geschäftliche erledigt war. Ich nahm nur zögernd ein Bonbon und hatte Angst, es in den Mund zu stecken. Ich fürchtete, ich könnte mir eine Krankheit holen.

Überall um das Ghetto hatten die Deutschen große Schilder aufgehängt, auf Deutsch und Polnisch: »Vorsicht, hier herrscht Typhus.« Das setzte sich tatsächlich im Kopf fest und wirkte wie eine Gehirnwäsche. Aber die Süßigkeiten waren gut. Noch aus der Zeit vor dem Krieg.

Als wir die drei besser kannten, verhandelte mein Stiefvater auch lockerer mit ihnen, nicht mehr so ernst. Er nahm sich mehr Zeit als beim ersten Mal, als ich ihn bei der Arbeit sah. Sie handelten um jedes einzelne Stück. Im Laufe der Zeit kamen mir auch die Juden weniger ernst vor, als ich sie vom ersten Mal in Erinnerung hatte. Vielleicht war dieses erste Zusammentreffen in meiner Erinnerung auch verzerrt durch die Angst und das Gefühl der Fremdheit, die ich empfunden hatte, wenn ich es auch nicht zugab.

Trotzdem war ich erstaunt, als bei einer unserer geschäftlichen Zusammenkünfte einer der Juden einen Witz erzählte, einen von diesen entsetzlichen Witzen, die damals im Ghetto die Runde machten und die trotz allem witzig waren.

Ich hatte angenommen, dass Menschen, deren Verwandte und Freunde umgebracht worden waren und mit denen die Deutschen jeden Tag Schluss machen konnten, keine Witze mehr erzählen.

Später stiegen wir eine Zeit lang im Keller eines Ladens in der Grzybowskastraße aus, genau gegenüber dem Platz, wo zu dem Zeitpunkt, als die Deutschen alle Juden aus diesem Teil des Ghettos weggebracht und ihn uns übergeben hatten, die Wirtschaft von Herrn Korek stand, von dem ich später noch erzählen werde. Das war, nachdem die Deutschen die meisten Juden mit Zügen nach Treblinka deportiert hatten.

Wir gingen zum Bunker der »Bürstenmacherei«, einer Bürstenfabrik, die für die deutsche Armee arbeitete und deren Arbeiter die Genehmigung bekommen hatten dazubleiben, wenigstens vorläufig. Der Weg durch die Kanalisation zur Bürstenmacherei dauerte mindestens doppelt so lange wie der frühere. Das bedeutete: mehr als zwei Stunden, wenn wir die Säcke schleppten, und auf dem Heimweg, wenn wir nichts tragen mussten, die Hälfte.

Meine Beziehung zu meinem Stiefvater fing an, sich zu verändern. Zum einen wegen der Sache mit Herrn Krol, aber auch wegen einiger Kleinigkeiten, die er tat oder sagte, zum Beispiel, als er zu mir sagte, auch ihm falle es schwer, den Sack zu schleppen. Er rutschte nie aus und fiel nie hin, wenn wir unten waren. Ich fiel anfangs ziemlich oft hin. Dann steckte mich meine Mutter, wenn ich nach Hause kam, immer sofort in die Badewanne.

Und sie ließ mir die Haare scheren, weil sich der Gestank des Kanals in den Haaren festsetzte und nicht wegging. So konnte mir niemand irgendwelche Fragen stellen, und ich stank nicht, wenn ich in die Schule ging. Die anderen meinten natürlich, ich hätte Läuse. Ich antwortete, das sei überhaupt nicht wahr, ich fände es einfach schöner so. Denn auch damals gab es schon Jugendliche in den höheren Klassen, die sich eine Glatze scheren ließen. Die Jüngeren betrachteten sie mit Respekt.

Obwohl ich nach dem Vorfall mit Krol Angst vor meinem Stiefvater bekommen hatte, gab mir seine Anwesenheit doch plötzlich ein Gefühl der Sicherheit. Ich dachte, ich könne mich in Momenten der Gefahr auf ihn verlassen.

Als wir anfingen, mit der Ware den langen Weg durch die Kanalisation zu gehen, zur Bürstenmacherei, kamen einige Ruheplätze dazu. Schon vorher hatte mein Stiefvater sie »Stationen« genannt. Ich habe schon erzählt, dass das Stellen waren, wo Bretter in Nischen versteckt waren. Wenn wir einen Ruheplatz erreichten, spielte sich jedes Mal eine Art Zeremonie ab: Mein Stiefvater zog ein Brett hervor und stellte seinen Sack darauf, bevor er mir half, meinen Sack vom Rücken zu heben und vorsichtig abzustellen. Dann nahm er das zweite Brett und wir setzten uns darauf. Er rauchte etwa drei Zigaretten pro Weg. Manchmal ließ er mich zum Spaß mal ziehen. Er wusste nicht, dass ich schon lange rauchte, heimlich in Kellern. Manchmal rauchte ich sogar auf der Straße, besonders wenn ich mit meinen Freunden nach Praga ging, denn ich sah älter aus, als ich war. Nur in der Nähe unserer Wohnung oder der Schule traute ich mich nicht, zu rauchen.

Auf dem Weg zur Bürstenmacherei hatten wir vierzehn »Stationen«, wo wir uns ausruhen konnten, und Antoni fing an, von unserem »Kreuzweg« zu sprechen, unserer Via

Dolorosa, und manchmal sagte er: »Die Via Dolorosa durch die Scheiße.«

Auf dem Rückweg, wenn wir keine Ware trugen, ruhten wir uns meistens nur einmal aus, auf halber Strecke. Aber nicht immer kamen wir unbeladen zurück. Denn im Herbst, als der größte Teil des Ghettos schon geräumt war und die Polen das Gebiet noch nicht betreten durften, wichen wir von unserem gewohnten Weg ab und kamen über einen engen Tunnel, in dem man auf Händen und Knien kriechen musste, in den leeren Teil des Ghettos in der Grzybowskastraße. Dort schlichen wir uns in die leeren Häuser – leer von Menschen, aber voll mit allen Dingen, die sie besessen hatten, wenigstens solange die Deutschen die Häuser noch nicht ausgeräumt hatten – und suchten nach Sachen, die irgendein Händler bei uns bestellt hatte. Manchmal suchten wir auch etwas für uns, für unsere Wohnung. Einmal waren es Teller, ein andermal Besteck oder alle möglichen Kleider oder Bettwäsche. Dann stiegen wir wieder hinunter und gingen durch den Tunnel zurück zu unserer normalen Strecke und von dort aus nach Hause.

Aber als mein Stiefvater anfing, den Juden Waffen zu verkaufen, durfte ich nicht mit ihm gehen. Er wusste nicht, dass ich davon wusste. Und ausgerechnet das hätte ich gerne gesehen.

Ich hörte, wie er nachts mit meiner Mutter darüber sprach. Antoni sagte, er habe drei »Werkzeuge«, eigene, und er wolle sie nicht an den Untergrund verkaufen. Sie bezahlten nicht genug.

»Was hast du vor?«, fragte meine Mutter. »Willst du sie etwa Verbrechern verkaufen?«

Einen Moment war es still, dann sagte er: »Nein, ich will sie den Juden verkaufen.«

Ich hörte an seiner Stimme, wie gekränkt er war.

Meine Mutter bat ihn um Entschuldigung. Er erklärte ihr, dass er für seine *Weiss*-Pistole mehr als siebzehntausend Zloty bekommen könne. Und für jede Kugel würden die Juden hundert bezahlen. Dann flüsterten sie und ich verstand nichts mehr. Später, als sie anfingen, sich zu küssen, legte ich mir das Kissen über den Kopf und hielt mir die Ohren zu.

Es gab noch eine Art »Ware«, die mein Stiefvater schmuggelte, aber nicht in das Ghetto, sondern aus dem Ghetto heraus, gegen Bezahlung. Ich staunte sehr, als ich erfuhr, dass er das Geld, das er dafür nahm, nie für sich selbst behielt. Er schmuggelte Babys aus dem Ghetto.

Im Herbst 1942, als schon alles bekannt war, was mit den Juden in Treblinka passierte, gab es jüdische Familien oder jüdische Mütter, die versuchten, ihre Säuglinge zu retten. Sie wandten sich an die drei Brüder, Antonis Kunden, und baten um Hilfe. Und mein Stiefvater schmuggelte die Babys hinaus. Dreimal passierte das, als ich dabei war, und vielleicht hatte er es auch vorher schon getan. Einmal fragte ich ihn, wie viele Babys er aus dem Ghetto geschmuggelt habe, aber er konnte sich nicht erinnern.

Wegen der Beschneidung nahm er keine Buben, sondern nur Mädchen. Damals wusste ich nicht, was das war, eine Beschneidung, und fragte meinen Stiefvater danach. Er erklärte es mir, aber ich konnte es nicht glauben. Ich war sicher, dass es sich um eine seiner antisemitischen Geschichten handelte. Zu meinem Erstaunen bestätigte meine Mutter die

Wahrheit der Geschichte, als ich meine Scham überwand und sie fragte.

Beim ersten Mal, als ich sah, wie ein Baby übergeben wurde, erschrak ich sehr und fast hätte ich geweint. Denn mein Stiefvater erklärte mir nie etwas und bereitete mich nie auf etwas vor. Er sagte immer, es sei am besten, etwas über das Leben zu lernen, indem man die Augen aufmachte, ohne großes Gerede.

Das Baby wurde gebracht. Die Mutter trug die Kleine und weinte die ganze Zeit. Ein Arzt kam und gab dem Baby eine Beruhigungsspritze in den kleinen Po. Die Mutter zog es wieder an, wickelte es gut ein und küsste es, dann gab sie es meinem Stiefvater. Sie gab ihm auch eine Mappe mit Papieren. Ich fragte, was das sei, und einer der Juden erklärte mir, in den Papieren stünde der Name des Mädchens und der ihrer Eltern, außerdem noch die Adresse ihres Onkels in Amerika, damit man sich nach dem Krieg mit ihm in Verbindung setzen und sie der Familie zurückgeben könne.

»Auch Geld, das dein Vater, wie er sagt, der Oberin des Klosters gibt.« Als der Jude das sagte, wurde mein Stiefvater gereizt, erwiderte aber nichts.

Das Mädchen wurde in eine große Schachtel gelegt und wir stiegen zurück in die Kanalisation. Nachdem wir einige Zeit gegangen waren, fragte ich meinen Stiefvater, was das alles bedeute. Er sagte, er werde das Baby zu einem Kloster bringen. Dort werde es von den Nonnen zu einer guten Christin erzogen.

»Und wer hebt die Papiere auf?«, fragte ich.

»Ach, die«, sagte mein Stiefvater, als würde er sich jetzt erst wieder daran erinnern.

Er nahm die Papiere heraus, zerriss sie und warf die Schnipsel in den Kanal.

»Und wenn ihre Mutter am Leben bleibt und nach dem Krieg ihre Tochter sucht – wie kann sie sie dann finden?«, fragte ich.

Aber Antoni war davon überzeugt, dass diese Mutter kaum eine Chance habe, am Leben zu bleiben, da sie schon ziemlich alt sei und es nicht durchstehen könne, und außerdem würden die Deutschen sowieso keine Juden am Leben lassen. Er fühlte offenbar, dass ich nicht sicher war, ob er Recht hatte, und fügte hinzu, für das Kind sei es auf alle Fälle besser, eine Christin zu werden und nichts davon zu erfahren, dass sie von Juden abstammte. Denn Jude zu sein brachte nur Leid, tiefstes Leid, das könne ich doch selbst sehen. So sei es immer gewesen und so würde es immer sein. Und so würde er das Baby von diesem Leid befreien.

Ich wandte ein, dass es vielleicht auch ein großes Leid sei, Nonne zu sein. Aber er sagte, es sei nur ein Waisenhaus, und aus den Kindern, die dort aufwüchsen, würden keine Nonnen, es sei denn, ein Mädchen wolle das, wenn es schon erwachsen sei. Er sagte auch noch: »Und glaube ja nicht, dass ich das wegen Geld tue. Ich gebe das ganze Geld nämlich wirklich der Mutter Oberin.«

Da fragte ich ihn, warum er jüdische Babys rette, wo er doch die Juden hasse.

»Du verstehst es nicht, Marek, ich hasse Juden, aber ich hasse nicht die Menschen.«

2 Judaslohn

Manchmal beschäftigt mich der Gedanke, was passiert wäre, wenn meine Mutter mich nicht gleich nach dem ersten Mal erwischt hätte. Was hätte ich dann getan? Wäre ich weiter mit Wacek und Janek gegangen, ein zweites Mal und vielleicht noch öfter? Ich nehme an, wenn ich zur Beichte gegangen wäre und alles dem Priester erzählt hätte, wäre es zu Ende gewesen.

Unser Priester sprach in seiner Sonntagspredigt oft über »unsere Brüder in der Not«. Damit meinte er die Juden. Er war ganz anders als der Priester von Wacek und Janek. Ihr Priester sprach immer von den Drecksjuden, die unseren Herrn Jesus gekreuzigt hätten.

Kein Zweifel, hätte mir meine Mutter nicht die Wahrheit über meinen richtigen Vater erzählt, wäre ich früher oder später zum Priester gegangen und hätte ihm gesagt, was ich getan hatte. Schon weil ich gerne zur Beichte ging, nicht nur, weil meine Mutter mich mindestens einmal in der Woche fragte: »Marek, warst du schon zur Beichte?«

Auch nicht wegen Antoni, der so regelmäßig wie die Uhr einmal im Monat zur Beichte ging, immer an einem Donnerstag. Für mich war die Beichte immer ein Trost und half mir bei allen Schwierigkeiten, die ich zu Hause und in der Schule hatte. Ich liebte und verehrte unseren Priester. Aber die Geschichte mit dem Geld habe ich nie gebeichtet, denn bevor ich das tun konnte, erfuhr ich die Wahrheit über meinen Vater, meinen richtigen Vater. Von da an ging ich nicht mehr zur Beichte. Es hat einfach keinen Sinn, zu beichten, wenn man nicht die Wahrheit sagen und über das sprechen kann, was einen mehr als alles andere beschäftigt, so wie es mir damals mit dieser Geschichte ging.

Ich habe schon gesagt, dass Antoni nicht viel vom Reden hielt, aber wenn er betrunken war, machte er den Mund auf. Einmal sprach er auch über das Beichten, als ich ihn nach Hause brachte, und er sagte, dass ein Mensch nicht alles in sich behalten könne, und wer das täte, würde krank davon. Deshalb würde er selbst auch alles meiner Mutter erzählen, und was er ihr nicht erzählen könne, würde er dem Priester sagen.

Ich nutzte die Gelegenheit und fragte ihn, was er meiner Mutter denn nicht erzählen könne. Ich dachte, er würde vielleicht etwas über den Vorfall mit Herrn Krol sagen, aber seltsamerweise sagte er etwas, auf das ich überhaupt nicht gefasst war: »Ich schwöre dir, Marek, ich gehe nicht zu Huren. Ich liebe nur deine Mutter. Und dich. Und warum willst du mich nicht Vater nennen?«

Dann fing er an zu weinen, so wie Betrunkene weinen, weil ich mich immer dagegen gesträubt hatte, dass er mich adoptierte.

Ich glaube, es war Anfang Dezember, noch bevor es schneite. Drei oder vier Monate, nachdem ich angefangen hatte, mit ihm durch die Kanalisation zu gehen.

Ich verließ das Haus und stellte fest, dass die Erde schon grauweiß bereift war und die Pfützen auf der Straße zugefroren waren. Es war an einem Montag, noch sehr früh am

Morgen, denn ich hatte Herrn Korek sein Lastenfahrrad zurückgebracht und es im Hof hinter der Wirtschaft abgestellt.

Auf der Straße waren kaum Leute, auch keine Kinder, denn die Schule fing noch nicht an. Ich suchte mir große Pfützen, nahm ordentlich Anlauf und schlitterte von einem Ende zum anderen. Dabei überlegte ich, ob es wirklich stimmte, was meine Mutter sagte, dass sich die Schuhsohlen dabei abnutzten.

Plötzlich rief jemand meinen Namen, und Wacek und Janek tauchten auf. Ich erinnere mich, dass ich dachte: Von wo sind sie plötzlich hergekommen und was machen sie um diese Zeit hier? Denn unsere Schule lag in der entgegengesetzten Richtung.

Meine Mutter nannte die beiden immer Lumpen oder Banditen und hatte mir den Umgang mit ihnen verboten, aber daran hielt ich mich nicht. Warum waren sie so früh hier? Ich hatte ja wirklich einen Grund dafür. Sie hatten ebenfalls einen, auch wenn ich ihn noch nicht kannte.

Sie waren nicht wirklich meine Freunde. Sie waren zwei Klassen über mir, aber da ich groß für mein Alter war und mindestens so stark wie sie, nahmen sie mich manchmal mit, wenn sie loszogen, um etwas zu erleben. Wir gingen zum Beispiel nach Praga, über die Kierbiedziabrücke, sodass ich meiner Mutter sagen konnte, ich ginge zu meiner Großmutter, und dort kämpften wir mit den Straßenbanden. Oder wir gingen zum Klauen in Geschäfte.

Ich glaube nicht, dass die beiden zur Beichte gingen, und vielleicht war das auch der Grund, dass sie Dinge stahlen, die ich mich nicht traute. Ich nahm immer nur Kleinigkeiten,

Bonbons zum Beispiel, und jedes Mal, wenn ich zur Beichte ging, sagte der Priester, ich müsse zwei Ave-Maria beten oder so etwas. Und dann sagte er mit einer Stimme wie aus dem Grab: »Ein Dieb endet am Galgen, mein Sohn ...«

Manchmal, wenn wir gute Laune hatten, Wacek, Janek und ich, gaben wir kleinen Kindern, die wir auf der Straße anhielten, »Unterricht«. Wir schnappten uns ein paar, meist auf dem Heimweg von der Schule, und erklärten ihnen, woher die kleinen Kinder kommen.

Wacek und Janek konnten das gut. Meine Mutter sagte immer, sie hätten einfach kein Gewissen.

Ich rutschte über die Pfütze neben dem Bürgersteig und plötzlich tauchten Wacek und Janek aus dem Nichts auf. Ich fragte sie, was sie so früh am Morgen hier täten, und sie fragten sofort mit einem gemeinen Grinsen: »Und was machst du?«

Sie wussten, was ich hier tat, und fingen an zu lachen. Sie kannten die Abmachung, dass ich montags das Lastenfahrrad von Herrn Korek zurückbringen musste, nachdem mein Stiefvater am Sonntagabend so betrunken gewesen war, dass er nicht mehr wusste, mit welchem Fuß er den Heimweg beginnen sollte, mit dem rechten oder mit dem linken.

Sie erzählten mir sofort, was sie vorhatten. Hier an dieser Stelle würden oft Juden versuchen, aus dem Ghetto zu fliehen. Und wenn sie jemanden gehen sahen, der ein betont gleichgültiges Gesicht machte, als würde er nur so ein bisschen herumlaufen, und in Wirklichkeit flitzten seine Augen ununterbrochen nach allen Seiten, und wenn er blass war und ein jüdisch aussehendes Gesicht hatte, dann gingen sie zu ihm und sagten: »Mein Herr, kommen Sie hier in die

Tür, wir wollen Sie nur etwas fragen.« Dann sah man gleich, wie er anfing zu zittern, weil er schon Bescheid wusste. Dann waren sie sicher, dass er ein Jude war.

Am Anfang müsse man höflich mit ihm sprechen, sagten sie, um nicht die Aufmerksamkeit eines zufälligen Passanten zu erregen, der vielleicht auch seinen Anteil an der Beute wollte. Und erst im Eingang eines Hauses machten sie ihn dann fertig und hauten ab. So erzählten sie es mir, ganz einfach, und trotzdem erschrak ich.

Sie würden diesen Juden nicht an die Polizei und auch nicht an die Deutschen verraten, sagten sie, obwohl man dafür eine Belohnung bekommen könne, sie würden ihn einfach nur »rasieren«. Sie nahmen ihm alles ab, was er hatte, und ließen ihn laufen. Manchmal durfte er sogar etwas behalten, als Fahrgeld oder damit er sich was zu essen kaufen konnten. Und dann hatten sie beide viel Geld, sehr viel Geld, für alles Mögliche …

Sie fingen an zu lachen und hörten nicht auf, bis über uns ein Fenster aufging und ein Eimer Wasser ausgegossen wurde, direkt neben uns, auf den Bürgersteig. Wacek hob einen Stein hoch, aber im Tor ging eine Luke auf und der Portier drohte uns mit der Faust. Wir gingen ein Stück weiter. Wacek wog den Stein in der Hand und schaute sich suchend um, nach was er werfen könnte. Ein Hund kam vorbei und bekam den Stein ab. Er jaulte noch nicht mal sehr laut, er klemmte nur den Schwanz ein und floh. Und dann fragten sie, ob ich mitmachen wolle. Ich sagte: »Ich bin sicher, dass das eine Sünde ist.«

»Dann lauf doch zu dem bolschewistischen Priester und beichte«, sagte Wacek.

»Sei doch keine Tunte«, sagte Janek. »Sie haben doch außer dem Geld noch genug Gold und Edelsteine. Und denk mal, was wir uns dann alles kaufen können. Oder liebst du etwa die Juden?«

Ich wollte auf gar keinen Fall, dass sie glaubten, ich liebe die Juden, und ich wollte auch nicht, dass sie mich für eine Tunte hielten.

»Und wenn meine Mutter das erfährt?«

»Wenn du es ihr nicht sagst, wie soll sie es erfahren?«

»Er ist noch ein Baby, ein Muttersöhnchen«, sagte Wacek. »Komm, wir lassen ihn in Ruhe und gehen.«

Ich war vierzehn und sah aus wie sechzehn oder sogar noch älter und ihr Spott ärgerte mich. In der Wirtschaft von Herrn Korek sprachen die Leute oft von dem vielen Geld, das die Juden mitnahmen, wenn sie aus dem Ghetto flohen. Ich hatte auch von einigen Kerlen gehört, die sich wie Wacek und Janek ihr Geld verdienten. Und außerdem stimmte es: Wenn ich nichts sagte, wie sollten sie es erfahren, meine Mutter und mein Stiefvater?

Ich dachte an all die Dinge, die ich mir kaufen könnte, und dann dachte ich: Na und? Nur ein einziges Mal. Auch wenn ich nicht mitmache, werden Wacek und Janek irgendeinen Juden ohne mich »rasieren«. Was macht es also aus?

»In Ordnung«, sagte ich.

Janek schlug mir auf die Schulter und wir machten uns auf die Suche.

Da kam schon einer. Er ging wirklich, als hätte er es eilig, irgendwo hinzukommen. Er trug eine Tasche in der Hand und ging auch nicht auffallend schnell. Blass war er ebenfalls, doch auch bei uns gab es solche. Aber seine Augen bewegten sich ständig, obwohl er versuchte, nicht den Kopf zu bewegen. Wir schoben ihn in den Eingang eines alten Hauses und sagten sofort: »Saujude, gib das Geld her!«

Er fing an zu betteln. Wenn wir ihm das Geld nähmen, könnte er sich gleich selbst bei den Deutschen anzeigen. Wie sollte er sich verstecken? Und was sollte er essen? Ich bekam ein bisschen Mitleid mit ihm und sagte zu ihnen, sie sollten ihm etwas Geld lassen.

»Von deinem Anteil«, sagten sie.

Und Wacek sagte zu dem Juden: »Sei froh, dass wir nicht deine Kleidung nach Juwelen und Goldstücken durchsuchen. Du hast sie dir doch sicher in die Unterhosen genäht.«

Es war ein dickes Paket Geldscheine. Sie gaben nach und ließen ihm ein bisschen Geld, sogar nicht mal von meinem Anteil, dann konnte er gehen.

Auf dem Weg zur Schule dachte ich darüber nach, dass ich mir jetzt alles kaufen konnte, was ich wollte, ohne auf die Gnade meines Stiefvaters angewiesen zu sein. Und dann überlegte ich, was die beiden mit ihrem Geld vorhatten, weil sie so gelacht hatten. Sicher irgendetwas Ordinäres. Ihr Lachen hatte sich jedenfalls so angehört.

An diesem Morgen hatte ich nur Käufe und Pläne im Kopf. Und immer wieder befühlte ich meine Tasche und lächelte in mich hinein. Doch manchmal tauchten ganz von selbst auch das Gesicht des Juden und seine Augen vor mir auf, und jedes Mal wurde es mir schwerer, das Bild wegzuschieben.

Im Diktat bekam ich ein Ungenügend.

Auf dem Heimweg wagte ich nicht, mir etwas zu kaufen. Plötzlich hatte ich das Gefühl, als brenne das Geld in meiner

Tasche. Ich traute mich nicht, die Hand hineinzustecken und es anzufassen. Morgen, dachte ich, morgen, wenn ich mich daran gewöhnt habe. Plötzlich wusste ich, dass ich etwas getan hatte, was ich besser nicht getan hätte.

An diesem Abend las mir meine Mutter wie jeden Abend aus einem Buch vor. Ich glaube, es war *Die Elenden* von Victor Hugo. Natürlich konnte ich selbst lesen, aber ich tat es einfach nicht. Doch ich hatte es sehr gern, wenn meine Mutter mir vorlas.

Als ich schlafen ging, dachte ich über das Buch nach und vergaß, das Geld aus meiner Hosentasche zu nehmen.

Am nächsten Morgen, beim Aufstehen, war die Erinnerung an die Ereignisse des Vortages schon verblasst. Nur das Geld war geblieben. Ich sprang aus dem Bett und wusste, dass heute der große Tag war.

Plötzlich sah ich, dass meine Mutter bereits meine Hose genommen hatte, um sie wie jeden Morgen auszubürsten, damit ich nicht schmutzig zur Schule gehen musste. Ich fühlte, wie ich mit einem Schlag blass wurde.

»Was ist das für Geld?«

Ich tat so, als wäre nichts. Ich war ein Meister im Verstellen, aber noch nie zuvor hatte ich meine Fähigkeit benutzt, um mich gegen meine Mutter zu schützen. Nur in der Schule oder bei meinem Stiefvater.

Bis zu ihrem letzten Tag war es schlimm für mich, wenn ich sie belog. Als sie dreiundachtzig war und sehr krank, war ich gezwungen, sie zu belügen, was ihren Gesundheitszustand betraf. Das war zwar etwas anderes, aber es fiel mir genauso schwer wie damals, als ich ein Junge war. Am Schluss erfuhr sie sowieso immer die Wahrheit. Wenn sie das Gefühl hatte, dass etwas nicht stimmte, nahm sie mein Gesicht zwischen ihre Handflächen und schaute mich fest an. Sie war nicht böse, sie war nur traurig. Sie wusste alles.

Ich bückte mich, als müsste ich mir die Schnürsenkel binden, und sagte ganz beiläufig, ich hätte das Geld gestern auf der Straße gefunden und nur vergessen, es ihr zu erzählen. Ich hätte keine Ahnung, wem das Geld gehöre. Vielleicht irgendeinem Schmuggler, ein so großer Packen …

Meine Mutter sagte kein Wort, und ich dachte schon, es sei alles noch mal gut gegangen, und versuchte, mich mit dem Gedanken abzufinden, dass ich mir nun doch nicht alles kaufen könne, was ich wollte, weil ich bestimmt das meiste Geld abgeben müsste.

Aber es war nur die Stille vor dem Sturm.

Plötzlich sagte sie: »Ich habe einen Zettel zwischen den Geldscheinen gefunden.« Sie zeigte mir den Zettel. Mit der Hand war darauf geschrieben: *Behalte diesen Mann bis morgen in der Wohnung. Ich werde kommen, ihn holen und bezahlen. Krupnik.*

Bis heute geht es mir so: Wenn ich merke, dass der Schlag gleich kommt, tue ich, als wäre alles in Ordnung, und denke ruhig, wirklich ganz ruhig, über irgendein interessantes oder witziges oder seltsames Detail nach oder über einen besonderen Aspekt der Situation.

Damals, als meine Mutter mich schweigend anschaute, hatte ich nichts anderes im Kopf als diesen Namen »Krupnik«, der auf dem Zettel stand, den ich übersehen hatte. Was für ein komischer Name, dachte ich, noch nie habe ich so einen Namen gehört. Und schon hob ich meinen Kopf und wollte es meiner Mutter sagen. »Gut«, sagte ich, »vielleicht war der Mann, der das Geld verloren hat, kein Schmuggler, sondern ein Flüchtling oder ein Untergetauchter oder sonst was. Vielleicht einer vom Widerstand.«

»Vielleicht ein Jude«, sagte sie.

»Vielleicht«, sagte ich, ohne das Gesicht zu verziehen.

»Weißt du«, sagte sie, »ich habe die Mutter von Wacek im Lebensmittelgeschäft getroffen. Ich habe dir immer gesagt, du sollst dich von ihm fernhalten. Von ihm und von seinem Freund, diesen zwei Banditen. Als ich die Geldscheine gesehen habe, noch bevor ich den Zettel fand, dachte ich sofort an das, was sie mir erzählt hat.«

Ich stellte meine Schultasche auf den Boden und setzte mich hin. Ich hatte noch ein bisschen Tee in der Tasse. Ich drehte mich zum Tisch, nahm die Tasse und trank. Der Tee war schon kalt und vielleicht schmeckte er deshalb zu süß. Ich wollte meine Mutter fragen, ob man die Süße stärker in warmen oder kalten Getränken schmeckt.

Meine Mutter sagte: »Waceks Mutter hat mir erzählt, dass er seit einigen Monaten viel zu viel Geld hat. Er kauft sich alle möglichen Sachen und gibt ihr auch ab und zu eine größere Summe. Er hat gesagt, dass er auf dem Markt arbeitet. Seit die Deutschen seinen Vater verhaftet haben, hat sie erzählt, kommt sie nicht mit dem Geld hin, und deshalb hat sie auch nicht groß nachgefragt. Hauptsache, sie hatte was zu essen für die Kleinen. Bis sie Janeks Mutter traf. Als sie der von dem Geld erzählte, das Wacek auf dem Markt verdient, lachte Janeks Mutter sie aus und sagte, es sei von Juden erpresst.«

»Das heißt gar nichts …«, fing ich an, aber meine Mutter ließ mich nicht aussprechen.

35

Plötzlich stand sie vor mir – sie war schon kleiner als ich, aber ich saß – und sagte mit einer Stimme, wie ich sie noch nie von ihr gehört hatte: »Du hast mit ihnen einen Juden aufgegriffen, Marek. Ich will die Wahrheit wissen!«

Mir war sofort klar, dass Janek mich sowieso verraten würde, ohne zu zögern. Schon immer verriet er alles, auch in der Schule. Also erzählte ich ihr die ganze Geschichte.

Als ich fertig war, sah ich, dass meine Mutter blass geworden war. Ich sagte nichts zu meiner Verteidigung. Was hätte ich auch sagen können? Dass sie es ohnehin getan hätten, mit mir oder ohne mich? Ich erzählte ihr einfach alles. Und dass wir diesen Juden nicht den Deutschen ausgeliefert hatten, auch nicht der Polizei. Wir hatten auch nicht die Juwelen und das Gold gesucht, das er sicher in seinen Unterhosen eingenäht hatte.

»Wer hat dir denn diesen Blödsinn erzählt?«

»Das ist kein Blödsinn«, sagte ich. »Das tun die Juden immer, wenn sie aus dem Ghetto fliehen. Wacek und Janek haben es gesagt.«

»Wie viele Juden hast du bestohlen?«

»Nur einen … nur diesen«, sagte ich.

Ich dachte, meine Mutter würde mich anschreien. Ich war es schon nicht mehr gewöhnt, dass sie mich anschrie, war aber darauf gefasst. Ich hielt es für unwahrscheinlich, dass sie meinen Stiefvater bitten könnte, mich zu schlagen, aber ich war auf alles gefasst. Nur nicht darauf, was dann geschah.

Meine Mutter setzte sich auf den Boden und weinte.

Warum muss sie sich auf den Boden setzen, dachte ich damals. Und heute, nachdem so viele Jahre vergangen sind und ich diese Geschichte zum ersten Mal in meinem Leben erzähle, fühle ich mich so, als könnte ich gleich anfangen zu weinen.

Sie weinte mit langen Schluchzern, so wie Menschen weinen, wenn etwas Schreckliches passiert ist, wenn sie einen großen Verlust erlitten haben. Wenn ein Sohn gestorben ist.

Ich versuchte, sie hochzuziehen und auf einen Stuhl zu setzen. Sie sollte nur nicht weiter auf dem Boden weinen. Aber sie stieß mich mit aller Kraft weg. Dieser Stoß erschreckte mich noch mehr. Schließlich gelang es mir, sie auf das Sofa zu setzen, aber sie weinte weiter.

Die ganze Zeit sagte ich »Mama, Mama«, ohne dass ich es überhaupt merkte. Ich glaube, ich hörte mich erst selbst reden, als sie schon auf dem Sofa saß und sich zwischen zwei langen Schluchzern die Nase putzte.

Plötzlich sagte sie: »Auch Jesus war Jude und die heilige Maria war Jüdin. Und Josef war Jude. Und Johannes der Täufer war Jude. Sie alle waren Juden. So steht es in der Heiligen Schrift.«

Ich war verblüfft. Nie hatte ich so darüber nachgedacht.

»Und was glaubst du, wird dieser Jude ohne Geld machen?«, sagte sie. »Wie kann er sich retten? Du hast ihn zum Tode verurteilt. Dein Vater hat sein Leben für die Gleichheit der Menschen gegeben, und du, Marek, wie könntest du ihm nun in die Augen sehen? Und wie wirst du vor ihm stehen, wenn ihr euch am Tag des Jüngsten Gerichts trefft?«

Sie schwieg. Ich wollte etwas sagen. Aber es gab nichts zu sagen. Ich hatte einen bitteren Geschmack im Mund, so wie es sich anfühlt, wenn man sich rechtfertigen will, sich erklären, und es nur Lügen und Halbwahrheiten gibt. Als wollte man diesen Brei ausspucken und wüsste doch schon, dass einem nicht geglaubt wird. Ich fühlte mich so schuldig, dass ich mich am liebsten irgendwo versteckt hätte, damit mich keiner mehr sah. Wie in einem Traum, den ich manchmal habe, wo ich auf einmal nackt auf der Straße stehe.

Plötzlich stand sie auf, nahm das Geldbündel vom Tisch und warf es mir vor die Füße.

»Da ist dein Geld, Judas Ischariot!«

Unwillkürlich schlug ich ein Kreuz. Ich war wirklich wie Judas Ischariot, der Jesus für dreißig Silberlinge verraten hat.

Ich erinnere mich, dass ich meiner Mutter widersprechen wollte, ihr sagen, dass Jesus aufgrund der Taufe kein Jude war. Aber dann dachte ich, dass ihm das nicht geholfen hätte, wenn damals die Deutschen dort gewesen wären. Für die Deutschen hätte es gereicht, wenn seine Großmutter Jüdin gewesen wäre.

Meine Mutter drückte mir die Schultasche in die Hand und schob mich zur Tür. »Geh«, sagte sie, »geh schon. Ich kann dich nicht mehr sehen.«

Ich fing an zu weinen. Ich glaube, dass meine Mutter mich schon lange nicht mehr weinen gesehen hatte. Sie kam und umarmte mich. Ich drückte sie fest und sagte, es täte mir so leid und ich würde einen Juden auf der Straße suchen und ihm das Geld geben.

Sie erschrak und sagte, sie würde schon dafür sorgen, dass das Geld in die richtigen Hände käme. Sie schob mich von sich und betrachtete mich lange und forschend, als sähe sie mich zum ersten Mal.

Dann sagte sie zu sich selbst: »Vielleicht hätte ich es ihm sagen müssen, als er dreizehn war, wie ich es seinem Vater versprochen habe.«

Wieder schaute sie mich an, als wollte sie prüfen, wie groß ich war.

»Vielleicht ist die Zeit gekommen …«

Und dann erzählte sie es mir.

Ich machte mich auf den Weg in die Schule, aber meine Beine trugen mich direkt zur Kirche. Ich musste beten.

Meine Welt war zusammengebrochen. Nein, das war unmöglich.

Aber meine Mutter hätte sich so etwas nicht ausgedacht, nicht wegen dieses Geldes. Ich hatte ihr immer geglaubt und noch nie hatte sie mich belogen. Sie hatte eine Art Ehrlichkeit, die Respekt verlangte, und ich kann mir nicht vorstellen, dass irgendjemand, der sie kannte, je auf den Gedanken gekommen wäre, sie könnte lügen. Und trotzdem hatte sie gelogen oder hatte jedenfalls nicht die Wahrheit gesagt, nicht die ganze Wahrheit. Die Wahrheit über meinen Vater.

Ich betete. Ich betete mechanisch, wie unter einem Zwang. Ich konnte nicht aufhören. Und die ganze Zeit über versuchte ich herauszufinden, ob ich noch immer der Marek von früher war, der die Wahrheit über sich noch nicht erfahren hatte. Oder ob ich vielleicht schon angefangen hatte, mich zu verändern, und bald ein ganz anderer sein würde.

Dann betete ich schon nicht mehr, sondern betrachtete Jesus an dem vergoldeten Kreuz über dem Altar und überlegte, ob ich, Wacek und Janek in dem Gesicht Jesu das Gesicht eines Juden gesehen hätten. Und dann sprach ich mit meinem Vater. Das Gespräch war anders als alle Gespräche, die ich bis dahin mit ihm geführt hatte. Ich redete nicht immer mit ihm, wenn ich in der Kirche war. Oft sprach ich einfach so mit ihm, wenn ich auf der Straße ging.

Vor lauter Kälte klapperte ich mit den Zähnen. Ich überlegte, ob es schon so spät war, dass der Unterricht begonnen hatte.

Schließlich stand ich auf und setzte mich auf eine Bank, und die ganze Zeit über dachte ich, ich sei allein.

Plötzlich sah ich, dass noch jemand hereingekommen war, ohne dass ich es bemerkt hatte. Vielleicht war er auch schon einige Zeit da gewesen und hatte gebetet, denn ich sah aus den Augenwinkeln, wie er sich bekreuzigte.

Irgendetwas war seltsam daran, ohne dass ich sofort darauf kam, was es war. Erst später, als ich schon auf der Straße war, wurde mir plötzlich klar, was ich gesehen hatte. Die Art, wie er das Kreuz geschlagen hatte … Verkehrt herum!

3 Das Geheimnis

Meine Mutter erzählte mir, dass seine Eltern genau wie die Juden gewesen waren, die ich von der Nalewkistraße kannte. Sein Vater hatte schwarze Kleidung getragen und einen Bart und Schläfenlocken gehabt. Meine Mutter hatte ihn nur einmal getroffen, als sie sich zufällig auf der Straße begegnet waren. Solange mein Vater noch lebte, hatte sie seine Mutter nie gesehen.

Seine Eltern hatten sich verhalten, als wäre er gestorben, sagte sie. Sie zerrissen ihre Kleider und trauerten sieben Tage um ihn, nur weil er eine Nichtjüdin zur Frau genommen hatte.

Wochenlang versuchte ich, das Bild meines Vaters neu zu formen. Nein, nicht wirklich neu.

Die Beschreibungen, die meine Mutter mir während all der Jahre gegeben hatte, als ich versuchte, mir sein Gesicht vorzustellen, sein Aussehen, hatte ich noch immer vor Augen. Die Größe, die Haarfarbe, die Augenfarbe hatten sich natürlich nicht verändert. Aber plötzlich musste ich all dem einen neuen Hintergrund geben, eine Art neuer Kulisse, könnte man sagen, die mir sein Bild tatsächlich in einem neuen Licht erscheinen ließ.

Ich dachte nicht Tag und Nacht an ihn. Ich führte mein Leben weiter, ein Leben wie alle Jugendlichen. Fußball, Mädchen, Prügeleien in Praga, Schule, die Arbeit mit Antoni. Aber ab und zu, abends im Bett oder in der Kirche, dachte ich wieder an ihn, und auf eine instinktive Art sprach ich dann mit dem Mann, von dem ich mir in der Vorstellung ein genaues Bild gemacht hatte.

Natürlich hielt ich mich an die Beschreibungen meiner Mutter, die ich auswendig wusste, aber ich konnte nicht mehr an ihn als Bronislaw Jaworski denken. Sein richtiger Name war Chaim Rosenzweig. Seinen polnischen Namen hatte mein Vater noch vor meiner Geburt von der Kommunistischen Partei bekommen, zusammen mit seiner christlichen Herkunft und einer gefälschten Geburtsurkunde, noch bevor er meine Mutter kennengelernt hatte. Schon damals war er von der Polizei gesucht worden.

Ohne dass ich die Schablone verändern musste, änderte er sich ganz allmählich in meiner Vorstellung und bekam ein neues Gesicht. Es sah dem Gesicht von früher sehr ähnlich und trotzdem war es anders. Er sah auch nicht direkt wie ein Jude aus. Wenn ich an ihn dachte, wusste ich, dass ich ihn nie für einen Juden gehalten hätte, genauso wenig, wie seine Freunde von der Partei ihn für einen Juden gehalten hatten, aber sein Gesichtsausdruck änderte sich.

Wenn ich heute darüber nachdenke, glaube ich, es war eine Veränderung zum Guten. Ein gewisser weicher Ausdruck kam in die Augen des Widerstandshelden der Partei, die ich damals hasste. Dieser Hass hatte allerdings keinerlei Einfluss auf das heroische Bild, das ich mir von meinem Vater gemacht hatte. Die kalten Augen und die harten Gesichtszüge des überzeugten Kommunisten, der im Pawiak-Gefängnis den Untersuchungsmethoden der Polizei widerstanden hatte und deshalb sterben musste, bekamen etwas Menschliches, Warmes.

Bis dahin war er für mich wie ein Held aus dem Bilderbuch gewesen. Einer der Helden, denen Sprechblasen aus dem Mund kommen. Starke, unbesiegbare Männer. Durch das Geheimnis, das Mutter mir erzählte, wurde er weniger abstrakt, wurde Fleisch und Blut. Damals, als Kind, formulierte ich es natürlich nicht so, aber heute würde ich es so sagen. Er wurde zu jemandem, der wirklich gelebt hatte, wenn auch vor langer Zeit, denn in den Augen eines Heranwachsenden liegt die frühe Kindheit sehr lange zurück. Ich musste nicht nur sein Gesicht, seine Erscheinung neu denken, gleichzeitig musste ich auch seine Lebensgeschichte neu schreiben, in meinem Kopf seine ganze Kindheit verändern.

Schon damals war ich ziemlich ehrlich gegen mich selbst und zwang mich, ihn mir als einen der kleinen jüdischen Jungen aus der Nalewkistraße vorzustellen, kleine Jungen mit Schläfenlocken und Käppchen oder Hüten auf dem Kopf, blasse Kinder, die mir immer bedauernswert vorgekommen waren. Manchmal war ich mit meiner Mutter dort gewesen, vor dem Krieg, wenn sie billig einkaufen wollte.

Aber immer tröstete ich mich mit dem Gedanken: Dieser Junge wird aufwachsen und zu dem Mann werden, den meine Mutter liebt. Und dann wird er mein Vater sein und sein Leben für seine Überzeugung hingeben. Obwohl ich damals die Kommunisten hasste, verstand ich aber genau, dass mein Vater sein Leben für seine Überzeugung gegeben hatte, seinen Glauben daran, dass der Kommunismus die Befreiung für die Arbeiter, die Armen und die Juden bringen würde.

Meine Mutter hatte mir immer erzählt, dass der Name Jaworski – den mein Vater angenommen hatte – der Name einer kleinen adligen Familie war, die schon zu Beginn des vorigen Jahrhunderts verarmt war. Einige ihrer Söhne hatten angefangen, selbst den Boden zu bearbeiten, und waren Bauern geworden. Eine Geschichte, die sicherlich stimmte, soweit es die Jaworskis betraf.

Ich war vier, als mein Vater im Gefängnis starb, als er dort ermordet wurde.

Wenig später brach ein Brand bei uns aus und nichts blieb übrig. Auch die zwei oder drei Fotos von meinem Vater waren verbrannt. Meiner Mutter gelang es im letzten Augenblick, mich zu packen und ins Freie zu bringen. Von diesem Brand damals war ihr eine Narbe geblieben.

Die Geschichte des Brandes stimmte. Und auch der Tod meines Vaters im Gefängnis. Nie konnte ich zu seinem Grab gehen und an Allerseelen eine Kerze für ihn anstecken. Meine Mutter hatte mir gesagt, sein Körper wäre Studenten übergeben worden, für wissenschaftliche Zwecke. Damals hatten Medizinstudenten Mühe, Leichen für das Studium zu bekommen, und sie bezahlten jedem viel Geld, der ihnen zu Leichen verhalf.

Als Kind litt ich sehr darunter, dass mein Vater kein Grab hatte. Ich war nicht nur Halbwaise und hatte einen Stiefvater, ich konnte auch nicht am Grab meines Vaters weinen. Vor dem Krieg hatte ich alle möglichen Antworten parat, wenn andere Kinder mich fragten, wo das Grab meines Vaters sei. Ich erinnere mich, dass ich, als ich klein war, behauptete, mein Vater liege im Grab des unbekannten Soldaten. Deshalb müsse ich auch immer zur Stunde des Wachwechsels dort sein. Ich ging wirklich oft hin und beobachtete die Zeremonie.

Manchmal träumte ich davon, dass ich zu einem alten und verwahrlosten Friedhof ging, zu einem Friedhof, den ich überhaupt nicht kannte, nicht zu dem neben unserer Kirche. Und plötzlich sah ich dort auf einem der Gräber brennende Kerzen, wie man sie an Allerseelen anzündet. Ich ging näher heran und sah eine Inschrift, Namen und Datum. Doch je mehr ich mich bemühte, den Namen zu entziffern, umso verschwommener wurden die Buchstaben, bis ich sie überhaupt nicht mehr lesen konnte. Nur die brennenden Kerzen leuchteten klar in der Dunkelheit.

Als mein Vater tot war, ging meine Mutter zu der Nalewkistraße 10, wo seine Eltern wohnten, und suchte seine Mutter auf, meine Großmutter. Sein Vater war schon nicht mehr am Leben. Meine Mutter sagte ihr, dass mein Vater gestorben sei und es ihr nicht gelungen war, seine Leiche aus dem Gefängnis zu holen. Die beiden Frauen umarmten sich und weinten wie zwei Freundinnen.

Ich fragte meine Mutter, wie sie sich mit meinem Vater in religiöser Hinsicht geeinigt hätte. Denn ich wusste ja, dass die Kommunisten glaubten, Religion sei Opium für das Volk. Aber meine Mutter sagte, sie hätten einen Kompromiss geschlossen. Sie war immer der Meinung gewesen, dass sich die Kommunisten letztlich wieder mit dem Glauben versöhnen würden.

Jedes Mal, wenn ich herausfand, dass eine der Geschichten über sie und meinen Vater stimmte, atmete ich befreit auf. Als wäre etwas von meinem Vater gerettet, der plötzlich noch einmal gestorben war und den ich aus eigener Kraft wieder zum Leben erwecken musste. Ich freute mich über jede Einzelheit, die ich bei seiner Geschichte nicht austauschen musste. Über jeden Abschnitt, den ich nicht neu zusammensetzen musste. Wie zum Beispiel die Geschichte ihres Kennenlernens.

Sie trafen sich bei einer Demonstration zum 1. Mai, bei einer Prügelei. Bei solchen Demonstrationen kam es immer zu Prügeleien. Vor dem Krieg hatte meine Mutter mich am 1. Mai immer eingeschlossen und mir nicht erlaubt, auf die Straße zu gehen. Aber sie hatte mir oft erzählt, wie mein Vater sie aus einem Menschenknäuel herausgeholt hatte, in dem die Leute mit Stöcken und Eisenstangen aufeinander einschlugen, während die Polizisten taten, als wollten sie die Leute auseinandertreiben und die Schuldigen verhaften, dabei aber nur die Roten schlugen.

Meine Mutter erzählte mir auch von den Gesprächen, die sie damals in der Untergrundbewegung geführt hatten. Sie waren fünf in der Gruppe: zwei junge Frauen und drei junge Männer. Mein Vater wurde gefoltert und starb, aber er hat ihre Namen nicht verraten.

Manchmal liege ich abends im Bett und denke an die Folterungen, denen die Gefangenen im Pawiak-Gefängnis ausgeliefert waren. Nicht die Gestapo tat das, sondern unsere eigenen Untersuchungsbeamten. Ich versuche mir alle möglichen Folterungen vorzustellen und überlege, ob ich sie ausgehalten hätte. Wenn ich daran denke, glaube ich immer, dass ich es ausgehalten hätte. Ich hätte geschrien oder ich hätte einfach vor lauter Schreien die Besinnung verloren. Ich hätte mich mit Schreien umgebracht. Aber wenn ich plötzlich einen Schlag bekomme, mir den Zeh anstoße oder mir zum Beispiel mit dem Hammer auf den Finger haue und mich dann an meine Gedanken über die Folterungen erinnere, dann kommt es mir unmöglich vor, dass man das aushalten kann.

Dann denke ich an meinen Vater und mich schaudert.

Meine Mutter sagte, sie hätten in ihrer Widerstandsgruppe immer geredet und diskutiert, manchmal ganze Nächte durch, und ihre Eltern hätten sich große Sorgen gemacht. Die Mitglieder der Gruppe nannten sich nicht »Herr« oder »Frau«, sondern »Genosse« oder »Genossin«. Sie sprachen über die Ziele des Kommunismus: ob es erlaubt sei, Leute umzubringen, um das Ziel zu erreichen, ob das Ziel die Mittel heilige. Meine Mutter verneinte das. Deshalb wurde sie aus der Gruppe ausgestoßen. Sie wollte ihre Gefühle nicht verleugnen, und außerdem weigerte sie sich auch, mit ihrer Religion zu brechen. Aber mein Vater hörte nicht auf, sie zu lieben, obwohl sie in der Gruppe ihretwegen sehr wütend auf ihn waren.

Er fuhr auch nach Russland, denn er hatte beschlossen, alles mit eigenen Augen anzusehen. Als er zurückkam, sagte er, dort sei nicht alles ideal. Trotzdem blieb er in der Partei und fuhr fort zu demonstrieren.

Und dann heirateten sie. Aber sie heirateten nicht in der Kirche, weil mein Vater sagte, dass er nicht an die Kirche glaube. Er hat nie gesagt, dass er nicht an Gott glaube. Meine Mutter schwor mir, dass er nie so etwas gesagt hat. Schon damals verstand ich, dass der Gott der Juden auch unser Gott war. Meine Mutter erklärte mir auch, dass mein Vater einfach nicht an die Kirche glaubte, an die Institution, die mit Gott Geld verdiente, egal, ob es sich um Priester oder Rabbiner handelte, darin wären alle gleich.

Schon damals rührte es mir ans Herz, dass mein Vater an die Möglichkeit glaubte, die Welt zu verbessern, und dass er genügend Mut hatte, nicht nur zu reden, sondern auch etwas zu tun. Vielleicht glaubte er auch, wenn es keine Klassen und keine Armen und Reichen mehr gebe, keinen Adel und kein einfaches Volk und wenn sich alle Völker vereinigten, dass es dann keinen Unterschied mehr gebe zwischen ihm und meiner Mutter. Denn ich glaube kaum, dass er diesen Unterschied ignorieren konnte, auch wenn er sagte, dass diese Dinge nicht wichtig seien.

Meine Mutter erzählte mir, er habe sich nicht deswegen geweigert, kirchlich zu heiraten, weil er Jude war, denn das wusste keiner, sondern nur, weil er gegen die Institution Kirche gewesen war.

Sie fuhren über die Grenze, nach Breslau, und heirateten dort auf dem Standesamt. Sie sagten den Eltern meiner Mutter nichts, seinen übrigens auch nicht. Erst als ich geboren wurde, kam alles heraus.

Seine Eltern verstießen ihn und die Eltern meiner Mutter verstießen sie. Sie hatten keine Ahnung, dass er Jude war, aber in ihren Augen war die standesamtliche Ehe gar keine Ehe, nach ihrer Auffassung lebte meine Mutter in Sünde.

Wenn meine Großmutter wütend auf mich war, nannte sie mich, auch nachdem ich längst in die Familie aufgenommen worden war, einen Bankert.

Meine Mutter ließ mich taufen. Sie hatte Angst, dass mein Vater es ihr nicht erlauben würde, deshalb tat sie es heimlich. Aber sie erzählte es ihm anschließend und er war überhaupt nicht wütend. Er lachte und sagte, er hätte mich auch selbst taufen können, mit Leitungswasser.

Im Jahr 1933 sagte man meiner Mutter, dass er verhaftet worden und ins Pawiak-Gefängnis gebracht worden war. Dort hat er drei Monate gesessen, bis zu seinem Tod.

Meine Mutter hatte einen Zeitungsausschnitt, alt und vergilbt, auf dem stand, ein Kommunist habe versucht, aus dem Gefängnis auszubrechen, und sei auf der Flucht erschossen worden.

4 Antoni

Wusste Antoni, dass ich Halbjude war? Wenn ja, warum versuchte er dann trotzdem, mich zu adoptieren? Vielleicht wusste er es auch nicht, dachte ich hoffnungsvoll, sonst hätte ich es einfach nicht verstanden.

Außer den Deutschen hasste Antoni vor allem die Juden und gleich danach kamen die Kommunisten. Manchmal war es auch andersherum, dann kamen erst die Kommunisten und dann die Juden. Und trotzdem, er zog das Kind eines Mannes auf, der beides gewesen war, Jude und Kommunist.

Nachdem meine Mutter mir von meinem Vater erzählt hatte, war ich erst einmal so mit mir selbst beschäftigt, damit, wer ich nun war, wenn mein Vater Jude gewesen war, dass ich vergaß, an Antoni zu denken.

Über diese Seite der Angelegenheit fing ich erst an, mir Gedanken zu machen, als ich schon in der Schule saß. Und das war ein zusätzlicher Schock. Bis zum letzten Läuten konnte ich an nichts anderes denken, nur daran, ob Antoni es wusste oder nicht.

Ich versuchte mich zu erinnern, ob meine Mutter etwas gesagt hatte, was mir einen Hinweis hätte geben können. Vielleicht hatte sie es ihm trotzdem nicht erzählt? War es nicht schon genug, dass er wusste, dass mein Vater Kommunist gewesen war?

Langsam kam ich zu der Überzeugung, dass Antoni es

nicht wissen konnte. Er hätte nie im Leben eine Frau geheiratet, die standesamtlich mit einem jüdischen Kommunisten
verheiratet gewesen war. Ich hielt das für ausgeschlossen
und hoffte von ganzem Herzen, dass auch in diesem Fall die
Regeln der Logik ihre Gültigkeit hatten. Aber wegen der
Ehrlichkeit meiner Mutter kamen mir doch allmählich wieder Zweifel. Vielleicht hatte er es bisher nicht gewusst und
sie würde es ihm jetzt erzählen? Ich dachte mir eine Art
magischen Satz aus, um meine Mutter zu überzeugen, ihm
nichts zu sagen.

Dann kam mir ein neuer Gedanke: Auch wenn er es
wusste, blieb alles beim Alten, solange meine Mutter ihm
nicht sagte, dass ich es jetzt wusste. Dann war es so, als wäre
nichts geschehen.

Ich war schon früh zu Hause und wartete ungeduldig auf
meine Mutter. Die ganze Zeit über betete ich im Stillen, dass
sie vor Antoni heimkäme. Sofort, als sie kam, fragte ich sie.

Er wusste es.

Da bat ich sie, ich flehte sie regelrecht an, sie solle ihm
nicht erzählen, dass sie mit mir gesprochen hatte. Es ging
mir nicht um die Sache mit dem Geld, die fand ich nicht so
wichtig. Was das Geld anging, dachte ich lediglich, wenn
Antoni davon erfuhr, würde er meiner Mutter nicht erlauben, es einem bedürftigen Juden zu geben. Und vielleicht
würde er mich auch dafür bestrafen. Antoni hasste Erpresser
dieser Art, wie Herrn Krol. Ich versuchte, meine Mutter zu
überzeugen, dass wenigstens nach außen hin alles so bleiben
müsse, wie es war. Solange Antoni nicht wüsste, dass sie es
mir erzählt hatte, wäre von seiner Seite alles wie vorher. Für
mich war der Gedanke schon schwer genug, dass ich meine

Haltung ihm gegenüber verändern musste. Ich redete und redete und meine Mutter schwieg lange. Dann stimmte sie zu.

Antoni wurde für mich ein großes Problem. Ich konnte ihn nicht mehr so hassen wie vorher und, was noch schlimmer war, ich konnte nicht mehr auf ihn hinabschauen und mich besser fühlen.

Ich hasste ihn vor allem wegen meiner Mutter. Aber wirklichen Hass hatte ich erst von da an empfunden, als ich erfuhr, was sie nachts trieben.

Ein älterer Junge sorgte dafür, dass ich es erfuhr, der Sohn von Nachbarn vom selben Hof. Er erklärte mir alles in allen Einzelheiten. Ich erinnere mich genau daran. Wir standen im dunklen Treppenhaus, und jedes Mal, wenn jemand vorbeiging, waren wir so lange still. Bis seine Mutter herauskam, weil Nachbarn ihr Bescheid gesagt hatten, dass wir dort etwas ausbaldowerten oder vielleicht heimlich Zigaretten rauchten.

Bis heute sehe ich noch den Ausdruck des Vergnügens auf seinem Gesicht, als er mein Erschrecken sah, das Gekränktsein, die Ungläubigkeit. Er war groß und ich war klein. Und er warf mir die »Wahrheit« sozusagen ins Gesicht: Der Vater steckt seinen ... du weißt. Ich hielt ihn für den größten Ketzer der Welt und war überzeugt, dass im nächsten Augenblick ein Blitz vom Himmel käme und ihn auf der Stelle tötete.

Aber nichts geschah. Ich widersprach. Zuerst sagte ich, dass es gar nicht sein könne, das wäre Sünde. Er stimmte zu, das sei wirklich Sünde. Die Erbsünde. Aber das sei die einzige Möglichkeit, Kinder zu machen. Danach ging man zur Beichte, und der Priester sagte einem, wie viele Gebete man sprechen müsse, um die Absolution zu bekommen. Ich schwor hoch und heilig, dass meine Mutter das nicht täte. Sie und Antoni würden nie so etwas tun. Der Beweis war ja, dass sie keine Kinder hatten. Aber nichts half mir.

Bevor mir der Nachbarjunge diese Angelegenheit erklärte, hatte ich nicht darauf geachtet, was nachts geschah. Vielleicht war ich immer vor lauter Fußball oder dem Herumtoben auf der Straße so müde gewesen, dass ich sofort einschlief, wenn ich meinen Kopf auf das Kissen gelegt hatte. Aber nachdem ich es erfahren hatte, fing ich an aufzupassen. Als ich es einmal gehört hatte, brauchte ich nur zu merken, dass es wieder anfing, da drückte ich mir schon ein Kissen an die Ohren.

Nach einiger Zeit verbreitete ich dieses Wissen selbst auf der Straße, mit Wacek und Janek. Und zwar auf die gleiche Art, wie ich es erfahren hatte.

Und ich hasste Antoni.

Einmal sah ich, wie Antoni meiner Mutter die Haare von den Beinen rasierte, mit seinem Rasiermesser. Er tat es, weil sie sich vor dem Rasiermesser fürchtete.

Ich glaube, dass damals die Rasierapparate schon erfunden waren, aber Antoni verachtete solches Spielzeug. Ich kam abends ins Badezimmer, als sie dachten, ich würde schon schlafen, und sah, wie er ihr die Haare von den Beinen abrasierte.

Und jetzt konnte ich ihn plötzlich nicht mehr nach Herzenslust hassen, weil er über mich Bescheid wusste. Diese Tatsache bereitete mir große Schwierigkeiten. Damals, glaube ich, vollzog sich eine Wende in meinem Leben, ich fing an nachzudenken, ich fing an, meinen Verstand zu benutzen.

Bis dahin hatte es mir immer großes Vergnügen gemacht, an Antoni als »Primitivling« zu denken, Sohn und Enkel von Müllmännern. Tatsächlich hatten seine Vorfahren seit Generationen Hausmüll abgeholt. Gut, auch das war eine Arbeit, die getan werden musste. Aber mir war jeder Grund recht, wegen dem ich ihn verachten konnte. Zum Beispiel auch sein Name.

Ich liebte den Namen meiner Mutter Aniela Barbara, geborene Reymont. Mein Großvater war wirklich mit dem Schriftsteller Reymont verwandt. Aber Antonis Familiennamen, der dann auch an ihr festklebte, konnte ich nicht ausstehen. Ich erinnere mich, dass es mich jedes Mal fast zerriss, wenn eine Nachbarin oder jemand in irgendeinem Geschäft »Frau Skorupa« zu meiner Mutter sagte. Ich habe es ihr immer übel genommen, dass sie nicht den Namen meines Vaters behalten hatte. Sie hätte sich ja auch Jaworski-Skorupa nennen können, wenn sie gewollt hätte. Oder sogar Reymont-Jaworski-Skorupa.

Meine Mutter nannte ihn beim Vornamen. Aber wenn sie ihn herausfordern wollte, nannte sie ihn »Skorupa« oder »Herr Skorupa«. Dann ärgerte er sich und nannte sie »Frau Reymont«, in einem Ton, als würde er sagen: Schaut sie euch an, die adlige Dame.

Er war wirklich ein einfacher, ungebildeter Mann, der kaum vier Jahre die Volksschule besucht hatte. Er las keine Bücher und trotzdem hatte ihn meine Mutter geheiratet. Das konnte ich nicht verstehen. Ich war damals schon fünf

Jahre alt, und ich erinnere mich, wie ich an ihrer Hochzeit mit in die Kirche ging.

Lange Zeit weigerte ich mich, ihn bei seinem Vornamen zu nennen. Ich sagte »Herr Antoni« zu ihm. Oft hörte ich, wenn sie in ihrem Zimmer sprachen, wie Antoni versuchte, meine Mutter zu überzeugen, dass sie in dieser Sache etwas unternehmen müsse. Anfangs bat er sie, mich zu zwingen, ihn »Vater« zu nennen. Dann hörte er auf, dieses Wort zu erwähnen, und sprach über Adoption, aber da war ich schon älter. Als meine Mutter versuchte, mit mir darüber zu sprechen, riss ich aus und blieb drei Tage bei meinen Großeltern. Wenn mein Vater das wüsste, dachte ich, würde er sich im Grab umdrehen.

Schließlich gab Antoni enttäuscht auf, und ich hörte nur noch manchmal, wie er zu meiner Mutter sagte, es sei eine Schande, dass ich über ihn wie über einen Fremden spreche, nachdem er mich aufgezogen habe, seit ich fünf war. Eine Schande vor Freunden, den Nachbarn, den Lehrern in der Schule. Ob er das verdient habe. Ich nannte ihn Herr Antoni, wenn ich mich an ihn wenden musste, oder ich vermied die Anrede.

Als ich kleiner war, noch vor dem Krieg, war ich auch manchmal frech zu ihm und benutzte Schimpfwörter, zum Beispiel »Stinker«, wegen der Kanalisation, oder Ähnliches. Bis er mir einmal eine Tracht Prügel gab. Aber meine Mutter war böse auf ihn. Sie selbst hatte nie die Hand gegen mich erhoben. Ich erinnere mich, dass er zu ihr sagte, wenn er mein richtiger Vater wäre, würde er mich mit dem Gürtel schlagen und so erziehen, wie es sich gehörte. Wie er erzogen worden sei … Und war er etwa schlecht geworden? Aber meine Mutter verbot ihm, mich zu schlagen, egal aus welchem Grund, und versprach ihm, ich würde nie mehr frech zu ihm sein. Danach sprach sie lange mit mir.

Sie nahm mich mit zu einem Spaziergang am Ufer der Weichsel. Das gehörte zu den Dingen, die ich am meisten liebte, mit ihr in Mondnächten am Ufer entlangzugehen. Wir gingen ganz langsam und ich hielt ihren Arm. Im Winter trug sie ihren alten Pelzmantel, den ich immer so gern anfasste. So gingen wir und der Schnee knirschte unter unseren Füßen. Um uns herum war alles silbrig und sah aus wie verzaubert.

Meine Mutter sprach mit mir und erzählte auch, wie sie Antoni geheiratet hatte.

Kennengelernt hatte sie ihn, als mein Vater noch im Gefängnis saß. Er lief dort in der Gegend herum und verkaufte Eis aus einer großen Kiste, die ihm über der Schulter hing. Damit besserte er in den Sommermonaten, in seiner Freizeit, das Gehalt auf, das er von der Stadtverwaltung bekam. Wenn meine Mutter aus dem Gefängnis trat und auf dem Bürgersteig saß und weinte, ging er zu ihr hinüber, schenkte ihr ein Eis und versuchte sie zu trösten.

Vielleicht bin ich nicht objektiv, aber auch auf alten Fotos kann man sehen, wie schön sie war. Nicht nur schön, sie weckte in den Menschen auch Vertrauen und ein Gefühl der Wärme.

Sogar als Antoni erfuhr, dass ihr Mann Kommunist war, und später sogar, dass er Jude war und sie ein uneheliches Kind aufzog, gab er sie nicht auf. Alle anderen hatten sie im Stich gelassen, weil sie in Sünde lebte. Ich habe schon gesagt, dass niemand wusste, dass mein Vater Jude war, außer Antoni. Es war eben eine andere Zeit, die Ansichten waren anders. Die meisten Leute bei uns waren sehr fromm und konnten ihr einfach nicht verzeihen, dass sie in Sünde lebte. Das heißt, dass sie nicht in der Kirche geheiratet hatte.

Erst als meine Mutter Antoni heiratete, verziehen sie ihr alles. Ich erinnere mich auch noch, wie ich damals meinen Großvater und meine Großmutter kennenlernte, die Eltern meiner Mutter, und dass die ganze Familie zur Kirche kam. Ich war schrecklich aufgeregt, weil alle anderen Kinder wenigstens eine Großmutter und einen Großvater hatten und Onkel und Tanten, und ich hatte bis dahin keine Verwandten gehabt.

Bei diesem Spaziergang am Ufer der Weichsel versprach ich meiner Mutter, dass ich nie mehr frech zu Antoni sein würde, und dieses Versprechen habe ich gehalten. Aber nachts, im Bett, sagte ich innerlich alle Schimpfwörter, und manchmal flüsterte ich sie auch, aber so, dass er es nicht hörte. Danach beichtete ich es dem Priester, damit wenigstens er wusste, was ich von meinem Stiefvater hielt. Der Priester bestrafte mich mit ein paar Vaterunsern, aber das war mir egal. Ich betete immer gerne vor dem Einschlafen, als Beschwörung gegen die bösen Geister.

Trotzdem musste ich ihn manchmal mit seinem Namen ansprechen, sonst hätte ich nichts von ihm bekommen. Das war so: Jedes Mal, wenn ich von ihm Geld oder etwas Ähnliches wollte, erniedrigte ich mich und nannte ihn Antoni. Und ich hasste ihn, wenn er dann vor sich hinlächelte, aber ich hatte keine Wahl – alles Geld gehörte ihm. Wenn ich mir Süßigkeiten oder etwas anderes kaufen wollte, musste ich ihn darum bitten. Meine Mutter weigerte sich, das für mich zu tun.

Es gab noch eine Situation, in der ich ihn Antoni nannte, nämlich wenn er vollkommen betrunken war. Dann verstand er ohnehin nicht, was mit ihm geschah.

Er hatte eine Abmachung mit meiner Mutter, dass er an jedem Sonntagabend in die Wirtschaft gehen und sich betrinken durfte. Während der Woche ging er zwar auch manchmal hin und roch nach Wodka, wenn er zurückkam, aber er war nie betrunken. Ich muss zugeben, dass er sich immer an diese Abmachung gehalten hat.

Wie alle guten Polen gingen wir sonntagmorgens in die Kirche. Antoni trug seinen guten Anzug, den er für ein paar Groschen im Ghetto von den Juden gekauft hatte. Ich hatte meinen Sonntagsanzug an, der auch von den Juden stammte, und meine Mutter trug eines ihrer schönen, neuen Kleider, die er ihr gebracht hatte. Er hatte geschworen, dass sie nicht aus dem Ghetto stammten, aber das war eine Lüge. Ich glaube, das wusste auch meine Mutter. Normalerweise weigerte sie sich, Kleider von Juden anzuziehen. Ich nehme an, weil sie Mitleid hatte. Vielleicht dachte sie dann an die Frau aus dem Ghetto, der das Kleid gehört hatte und die vielleicht jetzt schon tot war. Vielleicht war es das. Aber Skorupa schwor, er habe die Sachen in einem Laden gekauft. Sie sah so schön in diesen Kleidern aus, dass sie ihm glaubte.

Nach der Kirche gingen wir immer zum Mittagessen zu meinen Großeltern, in die Brückenstraße. Und erst, wenn wir dann wieder zu Hause waren, zog sich der »Primitivling«, wie ich ihn damals nannte, um – schade um den guten Anzug – und ging in die Wirtschaft von Herrn Korek.

58

Wenn er nicht rechtzeitig vor der Sperrstunde zurückkam, schickte meine Mutter mich immer, damit ich ihn holte. Das war meine Aufgabe, seit die nächtliche Ausgangssperre in der Stadt verkündet worden war.

Jeden Sonntagabend lief meine Mutter nervös in der Wohnung herum und schaute immer wieder auf die Uhr. Ich durfte nicht weggehen, für den Fall, dass sie meine Hilfe benötigte. Wenn Antoni nicht rechtzeitig nach Hause kam, ging ich zur Wirtschaft. Sonntagabends tat ich das sogar gerne. Es war anders als an Werktagen. Wie es an normalen Tagen zuging, wusste ich genau, denn ich arbeitete bei Herrn Korek und half manchmal beim Bedienen, manchmal beim Spülen. Nur sonntags arbeitete ich nie. Meine Mutter erlaubte es nicht. Nicht nur wegen der Betrunkenen, sondern auch, weil der Sonntag ein Ruhetag war.

Wenn ich hinkam, um ihn abzuholen, verstand er manchmal, was ich zu ihm sagte, und ich konnte ihn mit Herrn Koreks Hilfe hinausschleppen. Herr Korek kannte meine Mutter noch aus der Zeit vor dem Krieg, noch bevor sie Antoni geheiratet hatte, und er half mir immer. Alles hing davon ab, ob ich es schaffte, ihn zu stützen, damit er nicht auf der Straße umfiel, und ob es mir gelang, ihn auf dem richtigen Weg zu halten. Denn unterwegs versuchte er, in alle möglichen Straßen einzubiegen und in alle möglichen Häuser zu gehen, durch alle möglichen Türen, die sich da befanden oder von denen er annahm, sie befänden sich da, und ich hatte aufzupassen, dass er nicht in eine offene Tür stolperte und nicht mit dem Gesicht gegen eine Wand rannte, wenn er dachte, da sei ein Eingang.

Schlimm war nur, dass er manchmal, wenn ich ihn abholen wollte, bereits unter einem der Tische lag. Dann lieh mir Herr Korek sein Lastenfahrrad, das hinter der Wirtschaft stand, und ich musste nur hoch und heilig versprechen, dass ich es am nächsten Morgen sofort nach Ende der Sperrstunde zurückbrachte. Die Ausgangssperre ging bis fünf Uhr morgens. Herr Korek brauchte das Lastenfahrrad zum Einkaufen. Er deckte Antoni auch immer mit einer Decke zu. Und ich versprach ihm, aufzupassen, dass Antoni die Decke nicht vollkotzte und dass ich sie sauber zurückbringen würde. Wenn ich das Lastenfahrrad nahm, hieß das für mich, dass ich am Montag lange vor der Schule aufstehen musste. Genau das wussten Wacek und Janek, und deshalb hatten sie auch gelacht, als sie mich auf der Straße trafen.

Ich wusste nicht, ob ich darum beten sollte, dass ich ihn unter dem Tisch fand oder noch auf den Beinen. Wenn er völlig betrunken war, half mir Herr Korek, ihn auf die Ladefläche des Fahrrads zu heben. Das Schlimmste war, wenn wir schon auf dem Heimweg waren und alles in Ordnung schien, wenn es aussah, als sei er wirklich noch fähig heimzukommen, und er dann plötzlich umfiel. Manchmal gelang es mir, ihn aufzufangen, und er ging weiter. Aber manchmal gelang es mir nicht und dann rollte er einfach über die Straße.

Die Wirtschaft von Herrn Korek war nicht sehr weit, trotzdem musste man ein ganzes Stück gehen. Und wenn Antoni mir mitten auf dem Weg umfiel, musste ich zurücklaufen, das Lastenfahrrad holen, zu der Stelle rasen, wo ich ihn zurückgelassen hatte, und ihn alleine auf die Ladefläche hieven. Ganz zu schweigen von den Malen, wo ich ihn, als ich zurückkam, in der Gosse fand. Oder von irgendwelchen

Strolchen umringt, die seine Taschen durchsuchten. Und ein- oder zweimal war die Polizei schon dabei, ihn mit zur Wache zu schleppen, als ich kam.

Beim ersten Mal musste ich mit ihnen diskutieren, nachdem ich buchstäblich in letzter Sekunde gekommen war. Beim zweiten Mal hatten dieselben Polizisten Dienst und passten nur auf ihn auf, bis ich zurückkam. Einer von ihnen hatte Mitleid mit mir. »Was für einen Vater hast du!« Ich war klug genug, ihn nicht auf seinen Irrtum hinzuweisen. Ich glaube, diese Geschichte ging von einem Polizisten zum anderen, denn bei einer anderen Gelegenheit waren mir die Polizisten fremd, bis auf einen, den ich schon einmal an einem Sonntagabend getroffen hatte. Er erklärte den anderen die Situation nicht und doch wussten sie Bescheid. An dem Abend, als sie auf mich gewartet hatten, bis ich mit dem Lastenfahrrad kam, halfen sie mir sogar, ihn auf die Ladefläche zu heben, und einer der Polizisten schlug mir auf die Schulter, als wären wir Freunde.

Sie arbeiteten für die Deutschen, aber Antoni gab ihnen Recht. Er sagte immer, sie hätten keine Wahl, das sei nun mal ihr Lebensunterhalt. Doch das Wort »Polizei« war in Polen schließlich so verhasst, dass wir heutzutage nur noch eine »Miliz« haben.

Wenn ich endlich mit Antoni zu Hause ankam, pfiff ich nach meiner Mutter. Sie kam herunter und gemeinsam schleppten wir ihn die Treppen hinauf. Meine Mutter weigerte sich, Walenti, den Portier, um Hilfe zu bitten. Das ging gegen ihr Ehrgefühl. Denn sie war trotz allem eine Reymont, auch wenn sie einen bis zur Bewusstlosigkeit betrunkenen Primitivling die Treppe hochschleppte. Sie hatte es immer noch lieber, wenn ich ihn auf seinen eigenen Beinen heimbrachte, trotz der ordinären Lieder, die er dann laut grölte.

Ich mochte diese Lieder sogar. Ich verstand zwar nicht alles, aber immer kamen unanständige Wörter darin vor, und immer gab es etwas zu lachen, etwas wirklich Komisches. Wenn er irgendein Lied sang, das mir besonders gut gefiel, nannte ich ihn beim Namen und sagte: »Antoni, noch eins.«

Oder ich klatschte Beifall und sagte: »Noch mal, Antoni, sing's noch mal!«

Ich erinnere mich nicht, dass ich mich seinetwegen so geschämt hätte wie meine Mutter. Schließlich war ich nicht mit ihm verheiratet und er war nicht mein Vater, und alle Nachbarn wussten das. Wenn er so betrunken war, war er auch viel netter. Er lachte plötzlich. Normalerweise war er eher mürrisch, außer wenn er meine Mutter anschaute. Und manchmal sagte er zu mir Dinge, die man nur zu einem erwachsenen Freund sagt. Er lachte und redete. Ich erinnere mich sogar daran, dass er einmal etwas über den Hintern meiner Mutter sagte. Das war, als wir schon an unserem Haus waren. Meine Mutter hatte es gehört. Sie kam heraus, schlug entsetzt die Hände zusammen und rief: »Oh, was für eine Schande!«

5 Herr Jozek

Von dem Tag an, an dem meine Mutter das Geld gefunden und mir die wahre Geschichte meines Vaters erzählt hatte, trieb ich mich montagmorgens nicht mehr auf der Straße herum. Wenn ich Herrn Korek das Lastenfahrrad zurückgebracht hatte, ging ich zur Kirche. Das wurde zur Regel. Normalerweise betete ich zur heiligen Maria, weil sie meine Schutzpatronin war. Im Winter, an den kalten Tagen, blieb ich allerdings nur so lange in der Kirche, bis mir die Kälte in die Knochen gekrochen war, dann rannte ich hinaus und suchte mir einen der öffentlichen Straßenöfen, an dem ich mir meine Hände wärmen konnte, bis die Schule geöffnet wurde.

Es passierte vielleicht dreimal, dass ich, wenn ich montagmorgens in die Kirche kam, den Mann traf, der das Kreuz verkehrt herum schlug. Schon beim zweiten Mal bemerkte ich, dass er nicht durch den Haupteingang in die Kirche kam, sondern plötzlich sehr leise durch eine Seitentür trat und sich setzte. Ich beobachtete ihn immer, bis ich sah, dass er sich wirklich wieder umgekehrt bekreuzigte. Ich suchte mir einen Platz, von dem aus ich ihn aus den Augenwinkeln beobachten konnte, wenn er hereinkam, ohne dass er mich sehen konnte. Falls er Jude ist, dachte ich, wird er sich nicht bekreuzigen, wenn er in die Kirche kommt und glaubt, es sei keiner da. Ja, inzwischen war ich überzeugt, dass er sich beim Priester versteckte. Es war übrigens nicht unser Priester.

Vielleicht habe ich noch nicht erzählt, dass ich an diesem Morgen nicht in unsere Kirche ging, sondern in eine neben der Schule.

Einmal stand ich sofort auf und verließ die Kirche, nachdem er hereingekommen war. Als ich an ihm vorbeiging, betrachtete ich ihn genau.

Er war nicht besonders blass und machte auch keinen verängstigten Eindruck. Er sah aus wie jemand, der aus einer anderen Stadt gekommen war und sich für einen Moment in die Kirche gesetzt hatte. Sein Mantel war hellgrau und in der Hand hielt er einen grauen Hut. Er hätte Arzt sein können oder Ingenieur, wenn er nicht so jung gewesen wäre. Vor dem Krieg hätte man ihn für einen Studenten gehalten. Bei oberflächlicher Betrachtung hätte er sogar ein halber Deutscher sein können, das heißt ein Volksdeutscher. Jedenfalls sah er nicht jüdisch aus. Aber in seinem Gesicht, in seinem Blick, war etwas, das meine Mutter »weich« genannt hätte, das Wacek und Janek vielleicht doch dazu gebracht hätte, ihn eine Weile zu verfolgen, um herauszubekommen, wohin er ging und was er tat.

Ich ging hinaus. Als ich auf der Straße war, wusste ich es plötzlich: So, genau so wünschte ich mir, dass mein Vater ausgesehen hatte, mit solchen hellen Augen und diesem besonderen Blick, mit einer geraden Nase, mit hohen Backenknochen – heute weiß ich, dass diese Backenknochen und die gerade Nase ihm ein slawisches Aussehen gaben –, mit schmalen Lippen und angenehmen, vertrauenerweckenden Gesichtszügen.

Heute ist mir klar, dass er aussah wie jemand, der, mit großem Erfolg, in die Rolle eines anderen geschlüpft war.

Und trotzdem hinterließ diese vollkommene Verstellung eine Art Schatten auf seinem Gesicht, eine leichte Trauer.

An jenem Tag beschloss ich, beim nächsten Mal darauf zu warten, ob er auf die Straße kam oder in die Wohnung des Priesters zurückging. Natürlich würde er erschrecken, wenn er merkte, dass ich ihn verfolgte. Aber ich war einfach neugierig. Außerdem, dachte ich, kannte er mich schließlich schon ein bisschen, nachdem er mich mindestens drei- oder viermal in der Kirche gesehen hatte. Und ich dachte, ich müsste ihn wegen der Art, wie er das Kreuz schlug, warnen. Und ich überlegte, ob ich ihm vielleicht das Geld geben sollte, das meine Mutter noch immer aufbewahrte.

Wir hätten das Geld natürlich den Juden geben können, die sich bei Onkel Wladyslaw versteckten, aber sie waren so reich, dass wir das nicht wollten. Manchmal, wenn ich jemanden auf der Straße sah, war ich plötzlich sicher, dass der Mann oder die Frau ein Jude oder eine Jüdin war. Aber ich hatte keine Ahnung, was ich tun könnte, wie ich so jemanden einfach ansprechen könnte und was ich sagen sollte, mitten auf der Straße. Und außerdem konnte ich nicht mit dem ganzen Geld in der Tasche in die Schule gehen, nur in der Hoffnung, dass ich es möglicherweise jemandem geben könnte. Andererseits machte ich mir langsam Sorgen, dass Antoni das Geld eines Tages finden könnte und meine Mutter ihm dann erzählen müsste, woher ich es hatte. Ein Jude würde es dann bestimmt nicht mehr bekommen.

Am folgenden Montag verschwand der Mann einfach aus der Kirche. Vermutlich hatte er bemerkt, dass ich jede seiner Bewegungen verfolgte, und war dahin zurückgegangen, wo er hergekommen war, oder er hatte sich versteckt. Ich konnte nicht aufstehen und ihn suchen. Das wäre zu weit gegangen.

Aber eines Tages stand er einfach auf und ging hinaus auf die Straße. Außer dem Hut hatte er noch eine Aktentasche in der Hand. Bis dahin hatte er noch nie etwas in der Hand gehabt.

Ich erinnere mich sehr gut an diesen Tag, es hatte schon eine Woche lang geschneit. Der Schnee fiel früh in jenem Jahr. Es war ein schöner Wintermorgen, hell und strahlend, mit blauem Himmel und windstill. Es muss ungefähr drei Wochen vor Weihnachten gewesen sein.

Ich rannte ihm nach. Er fühlte es und versuchte, mich abzuschütteln und hinter einer Ecke zu verschwinden. Ich verlangsamte meine Schritte und tat, als würde ich nur zufällig in dieselbe Richtung gehen, aber aus den Augenwinkeln beobachtete ich ihn genau. Ich wusste nicht, was ich tun sollte. Ich hatte keine Ahnung, wie ich ihm das Geld anbieten könnte. Und noch etwas: Wer gab in dieser Zeit, Ende 1942 in Warschau, überhaupt zu, dass er Jude war? Aber für das falsche Kreuzschlagen könnte er eines Tages mit dem Leben bezahlen müssen. Vielleicht könnte ich ihm einen Zettel zustecken und verschwinden, überlegte ich. Aber einen solchen Zettel hätte ich vorbereitet in der Tasche haben müssen.

Ich ging ihm weiter nach. Auf der Straße waren schon viele Leute. Alle hatten es eilig, zu ihren Arbeitsplätzen zu kommen. Auch viele Kinder waren schon da, auf dem Weg zur Schule.

Plötzlich drehten sich alle um und rannten in unsere

Richtung, und weiter hinten tauchte eine Woge von Menschen auf, die um ihr Leben rannten.

»Razzia! Razzia!«, schrie einer.

Ich ging weiter, bis auch er sich umdrehte und in die gleiche Richtung rannte wie die anderen. Als er an mir vorbeikam, wandte ich mich auch um und rannte neben ihm her. Wir erreichten eine Stelle, von wo aus man eine Abkürzung zur nächsten Straße nehmen konnte, meine private Abkürzung. Ich packte ihn am Ärmel und rief: »Hierher! Hier gibt es einen Durchgang.«

Er zögerte einen Moment. Kein Wunder. Vielleicht wussten nur die Mieter des Hauses, vor dem wir standen, oder höchstens noch die der umliegenden Häuser, dass man von hier zur nächsten Straße kam. Die Stelle sah aus wie der versperrte Seiteneingang zu einem zerbombten Haus. Aber ich kannte den Weg, ich benutzte ihn immer als Abkürzung zur Schule.

Wir liefen hinein und kletterten auf einen Trümmerhaufen. Dann zwängten wir uns durch ein Loch im Zaun und stiegen eine Treppe hinauf. Nach der Treppe ging es steil hinunter und schließlich mussten wir noch von einer niedrigen Mauer springen. Dann waren wir auf der Straße.

Die warnenden Rufe »Razzia! Razzia!« waren jetzt weit weg.

Er schlug die Richtung ein, die entgegengesetzt zu meiner Schule war. Ich ging neben ihm her. Wir sprachen nicht, bis er plötzlich sagte: »Danke.«

»Sie bekreuzigen sich verkehrt herum«, sagte ich. »Ich habe Sie in der Kirche gesehen. Sie müssen sich richtig bekreuzigen, sonst werden Sie geschnappt.«

Er machte ein Gesicht, als würde er nicht verstehen, von was ich redete. Dann warf er mir einen Blick zu, zögerte einen Moment und sagte: »Das liegt wohl daran, dass ich Linkshänder bin.«

Er lachte.

Ich lachte auch. Weil niemand in der Nähe war, stellten wir uns in eine Toreinfahrt, und ich zeigte ihm, wie man das Kreuz schlägt. Das heißt, er wusste es eigentlich, brachte aber immer links und rechts durcheinander. Vielleicht lag es wirklich daran, dass er Linkshänder war. Doch dann fiel mir ein, dass ich früher, als ich noch nicht schreiben konnte, auch immer links und rechts verwechselte. Aber dann brauchte ich nur ein Kreuz zu schlagen und wusste ganz genau, welche Seite die rechte war.

»Wenn ich mit Ihnen gehe«, sagte ich zu ihm, »werden Sie bestimmt von keinem verdächtigt.«

Ich war sehr stolz auf mich, weil ich das ganz natürlich sagen konnte, ohne zweimal zu überlegen, wie ich ein Gespräch mit ihm beginnen könnte.

»Ich dachte, man könnte mir unmöglich etwas anmerken«, sagte er enttäuscht.

»Das kann man eigentlich auch nicht. Nicht nach Ihrem Aussehen. Aber es gibt trotzdem etwas … Ich weiß nicht, wie ich es erklären soll. Jedenfalls glaube ich nicht, dass ich Sie verfolgt hätte, wenn ich … ein Erpresser wäre, zum Beispiel.«

»Bist du keiner?«

»Nein.«

»Du willst also nicht wissen, wo ich hingehe?«

»Nein.«

Wir gingen eine Weile nebeneinanderher, ohne zu reden. Ich wollte mich schon von ihm verabschieden und meiner Wege gehen, ich hatte mich ihm schon mehr als genug aufgedrängt. Aber ich musste ihm noch das mit dem Geld sagen.

Ich hatte oft darüber nachgedacht, was ich sagen würde, wenn es mir überhaupt gelänge, mit einem Juden ins Gespräch zu kommen, auf welche Art ich ihm das Geld anbieten würde. Ich hatte mir folgende Geschichte ausgedacht: Mein Vater schuldete einem Juden Geld, eine Ehrenschuld, aber der Jude war schon nicht mehr da. Deshalb hatte er mich gebeten, das Geld einem bedürftigen Juden zu geben, wenn ich einen träfe. Und warum hat dein Vater dich geschickt und übergibt das Geld nicht selbst, würde der Jude vielleicht fragen. Und ich würde sagen, dass mein Vater inzwischen gestorben sei. Dann würde er mir sicher glauben.

Aber jetzt, wo ich das alles wirklich hätte sagen müssen, kriegte ich den Mund nicht auf. Ich versuchte, mich dazu zu zwingen. Doch da fing er an zu sprechen.

»Das Schlimme ist nur«, sagte er, »dass ich nicht weiß, wo ich jetzt hingehen soll.«

Ich dachte fieberhaft nach, was ich tun könnte. Ihm einen Platz vorschlagen? Was könnte ich ihm vorschlagen? Vielleicht sollte ich jetzt die Sache mit dem Geld anbringen? Ich überlegte, aber nichts fiel mir ein.

»Ich hatte eine Adresse für den Notfall«, fuhr er fort. »Dort war ich heute Morgen. Die Leute sind nicht mehr da. Der Portier hat mir alle möglichen Fragen gestellt und mich misstrauisch betrachtet. Da bin ich weggegangen. Jedenfalls habe ich erfahren, dass die Leute so bald nicht zurückkommen. Ich kenne sie, und ich bin sicher, dass sie mir Nachricht gegeben hätten, wenn es möglich gewesen wäre. Vielleicht haben sie es sogar versucht und irgendwas ist schiefgegangen. Wenn jemand von der Familie gestorben wäre, hätte es mir der Portier, ohne zu zögern, erzählt. Vielleicht ist etwas anderes passiert. Und heute musste ich die Wohnung eines Freundes verlassen.«

»Der Priester?«

Er antwortete nicht.

»Aber jeden Montag …«

»Stimmt«, sagte er, »jeden Montag kommt seine Schwester aus dem Dorf und bringt ihm die Sachen, die er so braucht. Und dann räumt sie den Schrank auf.«

Ich verstand nicht.

»Tagsüber hat er mich im Schrank versteckt«, erklärte er.

»Will er Sie schon nicht mehr behalten oder ist Ihnen vielleicht das Geld ausgegangen?«

»Nein. Er hat gestern einen Unfall gehabt, er ist aus der Straßenbahn gefallen. Seine Schwester wird jetzt bei ihm bleiben, bis er wieder gesund ist. Und inzwischen … Und du, wer bist du, Junge? Warum willst du alles wissen?«

»Ich habe gedacht, Sie brauchen Hilfe«, sagte ich.

Schweigend gingen wir weiter, bis er wieder den Mund aufmachte.

»Ich kenne nicht viele Leute in der Stadt, die einfach so einem Juden helfen wollen. Ganz bestimmt niemanden in deinem Alter.«

Ich musste mir etwas ausdenken, und zwar schnell. Ich sagte das Erste, was mir einfiel: »Mein bester Freund war ein

Jude. Sie waren unsere Nachbarn. Meine Mutter und mein Stiefvater waren mit der Familie befreundet.« Antoni wäre geplatzt, wenn er das gehört hätte. »Bis sie ins Ghetto gingen. Sicher hat man sie umgebracht.«

»Wie hieß er?«

»Marek«, sagte ich und suchte fieberhaft nach einem jüdischen Nachnamen. »Marek Rosenzweig.«

Ich seufzte.

Plötzlich war mir wirklich klar, was ich getan hatte, was wir diesem Juden angetan hatten, als wir ihm sein Geld abnahmen. Er hatte sich in einer ähnlichen Lage befunden.

Mein Herz zog sich zusammen.

Was bin ich nur für ein Mensch, dachte ich. Ich war so gierig nach Geld gewesen, dass ich mir nicht erlaubt hatte, darüber nachzudenken, was ich tat. Vielleicht war ich genau wie mein Onkel Wladyslaw, der auch nur das Geld liebte? Oder wie irgendwelche Mafialeute in Amerika.

Ich hatte schon mehrmals überlegt, wie ich mich selbst bestrafen könnte, wie ich mir auf irgendeine Art freiwillig wehtun könnte. Aber nie war mir etwas Passendes eingefallen. Entweder war es zu schwer oder zu leicht. Zum Beispiel, nicht ins deutsche Kino zu gehen. Das war an sich schon schlimm, weil meine Mutter mir verboten hatte, die deutsche Propaganda anzuschauen. Aber ich war so verrückt nach Filmen, dass es mir egal war, was ich sah. Hauptsache, es bewegte sich etwas auf der Leinwand. Aber diese Strafe wollte ich mir nicht auferlegen. Es kam mir irgendwie komisch vor, wenn man gleichzeitig an Kino dachte und an das Leben von Menschen.

»Haben Sie keine andere Adresse?«, fragte ich.

Er hatte noch eine Adresse. Noch zwei. Die Leute von der ersten Adresse seien gefährlich, sagte er, und er würde lieber nicht zu ihnen gehen. Aber wahrscheinlich hätte er keine Wahl. Die zweite Adresse wollte er sich für den absoluten Notfall aufheben. Die Leute lebten in einer Gegend, wo es von Verrätern nur so wimmelte, erklärte er mir, und er habe sie sehr gern. Es widerstrebe ihm, die ganze Familie durch seine Anwesenheit in Gefahr zu bringen.

Wieder gingen wir eine Weile schweigend weiter. Dann fragte ich: »Jetzt brauchen Sie also einen Platz, richtig?«

»Ja«, sagte er. »Und ich habe genug Geld, ich kann bezahlen.« Schnell fügte er hinzu: »Aber ich habe das Geld nicht bei mir.«

»Mein Onkel versteckt Juden«, sagte ich. »Wenn Sie wollen, kann ich ihn fragen, ob er Platz hat.«

Ich wünschte mir, dass er es wollte.

»Wann kannst du es rauskriegen?«

»Sofort.«

»Was machst du eigentlich auf der Straße, mit der Schultasche?«

Ich wollte schon sagen, dass man mich aus der Klasse geschickt hätte. Doch dann fiel mir ein, dass wir uns noch vor Beginn der Schule in der Kirche getroffen hatten.

»Ich habe beschlossen, heute zu schwänzen«, sagte ich. »Ich hasse die Schule.«

»Ausgerechnet in der Kirche?«

»Ich hatte Zeit, deshalb dachte ich, ich könnte zur Beichte gehen.«

»Bist du denn so ein großer Sünder?«, fragte er mit einem ironischen Unterton.

»Na ja«, sagte ich, »ein paar Sünden gibt's immer. Manchmal ist es angenehm, einfach so zu beichten.«

»Weißt du was, geh zu deinem Onkel und sprich mit ihm. Ich habe nicht viel zu verlieren.«

»Sollen wir uns für irgendwo verabreden?«, fragte ich.

»Schlag was vor.«

Der einzige Ort, der mir einfiel, war unsere Kirche. Ich sagte ihm die Adresse und erklärte ihm, es gebe dort einen kleinen Park, der zum Friedhof gehöre, mit ein paar Bänken. Er könnte ja tun, als würde er ein Grab besuchen.

»In Ordnung«, sagte er. »Wenn ich wieder in die Kirche muss, bekreuzige ich mich richtig.«

Er lächelte. Ich lächelte auch.

Ich hatte nicht gedacht, dass ein Jude wie einer von uns sein könnte. Einfach nett. Das heißt, bis dahin hatte ich es nicht gedacht. Denn mein Vater …

Meine Mutter sagte immer, alle Menschen lächelten auf die gleiche Art. Als Kind fand ich das immer richtig, aber nur so lange, wie man nicht an die Juden von der Nalewkistraße dachte, die sich nicht anzogen wie wir und hässliche Bärte hatten. Bis ich anfing, mit Antoni zu arbeiten und die drei Brüder kennenlernte, die uns die Ware abkauften. Sie waren fromme Juden, mit Bärten und Schläfenlocken, und sie lächelten trotzdem wie alle anderen Menschen.

Wir trennten uns. Er drehte sich um und machte sich auf den Weg zur Kirche, und ich fuhr in die Zelaznastraße zu meinem Onkel. Um Zeit zu sparen, nahm ich die Straßenbahn. Ich hoffte nur, dass mir meine Mutter, wenn ich ihr alles erzählte, eine Entschuldigung für die Schule schreiben würde. Und mein Stiefvater durfte es nicht erfahren!

Bei meinem Onkel war niemand zu Hause. Das heißt, die Juden waren bestimmt da, aber sie taten, als wären sie nicht da. Wenn niemand in der Wohnung war, zogen sie noch nicht mal die Wasserspülung der Toilette. Sie gingen auf Strümpfen herum, und mein Onkel hatte die Dielenbretter, die knarrten, gekennzeichnet, damit sie nicht aus Versehen drauftraten. Sie machten keine Türen auf und zu, damit niemand ein Quietschen hören konnte, und sie drehten keinen Wasserhahn an, weil die Leitungen dann zirpten. Mein Stiefvater sagte immer, das läge an der Belüftung. Aber bis heute weiß ich nicht, welche Belüftung er meinte.

Ich klopfte nicht lange und drehte nur einmal die Klingel, damit sie nicht dachten, es wäre die Polizei oder die Gestapo, die eine Hausdurchsuchung machen wollte.

Ich beschloss, den Mann einstweilen zu meinem Großvater zu bringen, denn mein Onkel und meine Tante würden bestimmt bis zum späten Nachmittag zurückkommen. Dann könnte ich ihn hierherbringen, noch bevor meine Großmutter vom Theaterplatz nach Hause käme.

Meine Großeltern wohnten in der Brückenstraße, in einem Haus, in dem sie schon vor dem Krieg gelebt hatten. Auch wir wohnten in dem Haus, in dem wir schon vor dem Krieg gewohnt hatten. Aber das Gebäude, in dem meine Großeltern wohnten, war 1939 bei den Bombardierungen zerstört worden, und nur ein kleiner Teil ihrer Wohnung, im Souterrain, war übrig geblieben. Und auch da war viel beschädigt. Der Verputz war abgefallen, die Wände und die Decken hatten Risse. Das große Zimmer im Erdgeschoss war völlig zerstört worden, mit all ihren Möbeln. Das war ihr Salon gewesen. Ich erinnere mich sogar noch, was alles drin gestanden hatte, denn ich war immer gerne zu ihnen gegangen.

Als die Geschichte mit dem Mann aus der Kirche passierte, war mein Großvater schon nicht mehr in Ordnung. Ein Jahr nach Kriegsbeginn hatte es angefangen. Er war verwirrt. Er wusste nicht mehr, was mit ihm geschah. Manchmal wusste er noch nicht einmal seinen Namen, oder er glaubte, ich sei sein jüngster Sohn, Onkel Romek, und er sagte zu mir: »Romek, warum hast du mir keine Zeitung gekauft?«

Ich wusste dann nicht, was ich sagen sollte. So tun, als wäre ich wirklich Onkel Romek, oder nicht?

Oder er sagte: »Romek, wieso kommst du mitten in der Woche vom Internat heim?«

Dann ärgerte er sich, denn Onkel Romek besuchte eine Militärakademie.

Manchmal kannte er mich überhaupt nicht und wusste nicht, was ich bei ihnen wollte. Aber das geschah nur selten. Im Allgemeinen wusste er, dass ich ein Familienmitglied war, entweder ein jetziges oder ein früheres. Das war egal. Und fast immer erkannte er meine Mutter und natürlich auch meine Großmutter. Er starb ungefähr ein halbes Jahr nach dieser Geschichte, die ich erzähle. Er starb einfach im Schlaf.

Vor dem Krieg war mein Großvater ein geachteter Mann, mit einem geachteten Beruf. Er besaß eine Druckerei und meine Großmutter zog die Kinder auf. Sie waren vier. Meine Mutter und Onkel Romek, dann Onkel Wladyslaw, der das Geld so liebte und in seiner Wohnung eine jüdische Familie versteckte. Onkel Romek war bei der Kavallerie gewesen

75

und zu Beginn des Krieges bei dem berühmten Angriff der Kavallerie gegen die deutschen Panzer gefallen. Außerdem hatte es noch eine jüngere Schwester meiner Mutter gegeben, die schon als Kind an einer Lungenentzündung gestorben war. In dieser Zeit war mein Großvater immer zu Hause, wegen seines schlechten Gesundheitszustands, und meine Großmutter verkaufte auf dem Theaterplatz Zigaretten und verschiedene andere Dinge. Sie durfte auf keinen Fall erfahren, dass ich einen Juden in ihre Wohnung bringen wollte. Meine Großmutter war der Ansicht, dass alle Juden den Teufel anbeteten oder ihm wenigstens gehorchten. Ich frage mich, was sie wohl gesagt hätte, wenn sie die Wahrheit über meinen Vater gewusst hätte. Sie liebte mich nämlich sehr.

Sie stammte vom Dorf, sie war keine Dame. Die Familie meines Großvaters war sehr böse auf ihn gewesen, weil er eine einfache Frau geheiratet hatte. Aber meine Großmutter war keineswegs eine »einfache« Frau. Sie hatte zwar nicht Shakespeare gelesen und konnte auch nicht Klavier spielen, aber sie hatte einen gescheiten Kopf.

Meine Großmutter zog meinen Großvater jeden Morgen an und setzte ihn neben die Tür, die gleichzeitig das Fenster war. Dort saß er dann. Wenn das Wetter gut war, natürlich nicht im Winter, setzte sie ihn neben die geöffnete Tür, und wenn es wirklich heiß war, setzte sie ihn auf die Straße. Er hatte einen Eisenstuhl, der mit einer Kette und einem Schloss an die Wasserleitung gebunden war, damit er nicht gestohlen wurde. Glücklicherweise ging er alleine zur Toilette.

Meine Großmutter hatte geschworen, sie würde ihn nie im Leben in ein Krankenhaus oder ein kirchliches Pflegeheim oder etwas Ähnliches geben. Sie sagte immer, sie hätten einander für gute und für schlechte Zeiten geheiratet. Nun seien eben die schlechten Zeiten gekommen, nachdem sie viele gute Jahre gemeinsam verbracht hätten, bevor die Welt verrückt geworden war. Und meine Großmutter war zu dem Schluss gekommen, der ganze Wahnsinn habe mit den Erfindungen der Juden angefangen, zum Beispiel diesen fliegenden Maschinen, die Bomben abwarfen.

Etwas konnte mein Großvater bis zu seinem letzten Tag: Zigaretten füllen. Das waren die selbst gemachten Zigaretten, die meine Großmutter dann verkaufte. Sie hatte noch eine Aufgabe, von der ich allerdings nichts wissen durfte. Meine Großmutter tat immer, als hätte sie von nichts eine Ahnung, aber in Wirklichkeit überbrachte sie Nachrichten für die »Vaterlandsarmee«. Ein angeblicher Kunde gab eine mündliche Nachricht an sie weiter oder reichte ihr mit dem Geld für Zigaretten oder Streichhölzer einen Zettel. Den gab sie dann an einen anderen weiter, zusammen mit dem Wechselgeld.

Ich half ihnen oft, wenn sie Zigaretten füllten. Sie hatten eine Art länglicher Kupferröhre, etwas länger als zwei Zigaretten, die sich mit einem Scharnier öffnen und auseinanderklappen ließ. Die beiden Hälften sahen aus wie zwei kleine Regenrinnen und wurden mit Tabak gefüllt. Dafür musste man ein gutes Gefühl haben, denn die Menge musste genau stimmen. Wenn man zu viel Tabak einfüllte, rissen die dünnen Papierhülsen, in die der Tabak hineingedrückt wurde. Und wenn man zu wenig einfüllte, fiel der ganze Tabak heraus.

Ich nehme an, dass meine Großmutter aus verschiedenen

Gründen vom Untergrund ausgewählt worden war: Sie war immer auf der Straße, und in ihrem zerstörten Haus wohnte niemand, es gab auch keinen Portier. Nur die beiden Alten. Aus diesem Grund war ich ja auch darauf gekommen, meinen Juden für ein paar Stunden dort hinzubringen.

Sein Vorname war Jozek und ich nannte ihn Herr Jozek. Seinen Nachnamen hat er mir nie gesagt.

Als ich zum Theaterplatz kam, sah ich schon von weitem, wie meine Großmutter etwas aus einer ihrer vielen Rocktaschen zog. Sicher deutsche Zigaretten für zwanzig Zloty. Sie verkaufte alle möglichen Zigaretten und verwahrte sie an allen möglichen Stellen, in allen möglichen Taschen und Tüchern ihrer Röcke und in dem alten Sakko von meinem Großvater, das sie trug. Sie zog immer mehrere Röcke übereinander an, wie es auf dem Dorf üblich war.

»Guten Morgen, Großmutter«, sagte ich.

Der Kunde ging weg.

»Was soll das heißen?«, sagte sie. »Hast du heute keine Schule?«

Ich sagte, man habe mich aus der Schule geschickt, weil ich keine Hausaufgaben gemacht hatte. Das war noch nicht mal ganz gelogen, ich hatte wirklich keine Hausaufgaben gemacht.

Sie glaubte mir.

»Komm, setz dich ein bisschen zu deiner alten Großmutter«, sagte sie.

»Nein«, antwortete ich, »ich bin nur gerade vorbeigekommen und wollte dir Guten Tag sagen.«

Sie glaubte mir schon nicht mehr so recht.

»Gehst du auf einen Sprung zu deinem Großvater?«

Ich nickte.

Da zog sie aus einer ihrer Taschen eine Blechdose und trug mir auf, sie Großvater zu bringen. Ich dürfte auch ein bisschen davon essen.

»Was ist das?«

»Du kannst lesen, also lies!«

Sardinen.

Sie hob drohend den Finger. »Ich habe gesagt, ein bisschen. Iss ja nicht alles alleine auf. Denk dran. Vielleicht weiß dein Großvater später nicht mehr, ob er Sardinen gegessen hat oder nicht, aber ich kriege die Wahrheit schon heraus.«

Darin war sie wie meine Mutter. Sie wusste immer, wann ich log. Aber im Unterschied zu meiner Mutter schlug sie schnell zu.

Meine Mutter erzählte oft, dass mein Großvater die Jungen mit dem Gürtel geschlagen habe. Er legte sie über die Knie und versetzte ihnen eine Tracht Prügel. Je größer ein Junge war, umso fester wurde er geschlagen. Großmutter hingegen erzog meine Mutter mit Ohrfeigen, und je älter sie wurde, umso fester wurden die Ohrfeigen. Bis meine Mutter eines Tages zu ihr sagte, sie sei schon eine Frau. Damit hörte es auf. Was hieß das, sie sei schon eine Frau? Das verstand ich nicht. Und meine Mutter sagte immer, das würde sie mir ein andermal erklären. Dieses »andermal« kam nie.

»Auf Wiedersehen, Großmutter«, sagte ich und gab ihr einen Kuss.

Ich machte, dass ich wegkam. Jetzt wusste sie nämlich genau, dass ich etwas vor ihr verheimlichte, nur weil ich ihr einen Kuss gegeben hatte. Das hätte ich nicht tun sollen. Aber ich war einfach zu froh, dass sie auf dem Platz stand und ich Herrn Jozek zu ihr nach Hause bringen konnte.

»Ich habe kein Geld, das ich zum Fenster rauswerfen kann«, sagte sie. »Geh weg, du Gauner!«

»Ich habe dir nur so einen Kuss gegeben«, sagte ich. »Ohne Hintergedanken.«

Bis sie nach Hause kam, würden wir schon nicht mehr da sein, dachte ich. Und mein Großvater? Was bekam er schon mit?

Ich glaube an Gott. Schon damals glaubte ich, dass Gott alles so richtet, dass wir Gutes oder Böses tun können. Aber wir haben die Wahl.

6 Bei Großvater

Der Friedhof war sehr alt. Auf den Grabsteinen standen viele Jahreszahlen vom Beginn des vorigen Jahrhunderts. Ich erinnere mich, dass ich früher, als ich klein war, vor dem Krieg, manchmal sonntags hierherflüchtete, wenn ich genug davon hatte, ruhig in der Kirche zu sitzen.

Ich weiß, dass die meisten Kinder, vielleicht sogar alle, sich vor Friedhöfen fürchten. Ich habe mich nie davor gefürchtet. Ich dachte nur immer daran, wie froh ich wäre, wenn mein Vater ein Grab hätte, das wir besuchen könnten. Vielleicht hatte ich mir deswegen eine Art Spiel ausgedacht. Ich ging an den Grabsteinen vorbei und stellte mir vor, dass die Gestorbenen sicher alle zusammen wären und sich miteinander anfreundeten, genau wie es Kinder auf dem Schulhof tun. Dann suchte ich mir jemanden aus, dessen Name mir gefiel, und bildete mir ein, dass er in der anderen Welt bestimmt der Freund meines Vaters geworden sei.

In dem kleinen Park war Herr Jozek nicht. Ich dachte, er sei vielleicht in die Kirche hineingegangen, aber auch dort war er nicht. Er traut mir trotz allem nicht, dachte ich, er ist einfach weggegangen. Er wollte nicht, dass ich ihm folgte. Das konnte ich ihm nicht übel nehmen, aber schade war es doch.

Nachdem ich noch ein paar Mal überall herumgelaufen war und die Bänke abgesucht hatte, die versteckt neben der

Mauer standen, ging ich wieder auf die Straße. Vielleicht hatte er auch eine Weile gewartet und angenommen, ich käme nicht zurück? Oder vielleicht war etwas passiert … Was konnte ich dafür, dass mein Onkel und meine Tante nicht zu Hause waren?

Ich überlegte, ob ich die Straßenbahn nehmen oder zu Fuß zu meinem Großvater gehen sollte. Ich hatte zwar nicht viel Geld, aber damals hatte ich schon aufgehört, hinten auf die Straßenbahn zu springen und umsonst mitzufahren. Nachdem meine Mutter das einmal gesehen hatte, musste ich ihr versprechen, es nicht mehr zu tun.

Ich fühlte die Dose Sardinen in meiner Hosentasche. Ich hatte Hunger und überlegte schon, wo die nächste Haltestelle war und welche Straßenbahn ich nehmen könnte, da sah ich ihn plötzlich aus einer Buchhandlung herauskommen. Er hatte zwei Bücher und eine Zeitung unter dem Arm. Als ich näher kam, sah ich, dass es eine deutsche Zeitung war. Eine Buchhandlung war wirklich ein guter Platz, wenn man eine Weile unauffällig irgendwo warten musste.

Durch das Schaufenster hatte er mich kommen sehen.

»Guten Tag«, sagte ich und begrüßte ihn, als wären wir alte Bekannte.

Er machte das Spiel mit, obwohl fast keine Leute auf der Straße waren.

»Guten Tag. Wie geht es dir?«

Er wusste meinen Namen noch nicht.

Man hätte glauben können, ich sei ein jüngerer Bruder von ihm oder der Sohn von Nachbarn. Er hätte auch mein Lehrer sein können. Nein, nicht um diese Uhrzeit.

»Waren Sie schon enttäuscht?«

Er nickte. »Es hat ziemlich lange gedauert.«

»Bei meinem Onkel war niemand zu Hause«, sagte ich. »Aber wir können inzwischen bei meinem Großvater warten. Mein Onkel und meine Tante sind bestimmt einkaufen gegangen oder irgendetwas erledigen, aber sie kommen nie sehr spät nach Hause.«

Dann erklärte ich ihm, dass ich, nachdem ich meinen Onkel nicht angetroffen hatte, erst noch zum Theaterplatz gefahren war und nachgeschaut hatte, ob meine Großmutter auch dortstand. Es hätte ja auch sein können, dass sie zufällig mal zu Hause geblieben war. Dann erzählte ich ihm von meinem Großvater und dass es dort keinen Portier gab, weil das Haus nicht mehr stand. Ich zeigte ihm auch die Büchse Sardinen.

Sofort machte sich jemand an mich heran und fragte, ob ich die Sardinen verkaufen wolle. Ich schüttelte den Kopf. Aber er blieb hartnäckig und fragte, was ich dafür wolle. Ich sagte, ich würde sie nicht verkaufen.

Misstrauisch schaute er Herrn Jozek an und sagte: »Ich gebe dir mehr.«

Einen Moment war ich unschlüssig. Aber ich verkaufte die Sardinen dann doch nicht.

Nachdem der Mann gegangen war, fragte ich Herrn Jozek, ob er die Zeit bis zum Mittag mit mir in der Wohnung meiner Großeltern verbringen wolle. Er war einverstanden.

»Jetzt sehen Sie aus wie ein Student oder sogar wie ein Volksdeutscher«, sagte ich.

Er war zufrieden. Dann breitete er die Arme aus, als wollte er die Welt umarmen, und sagte: »Was für ein schöner Tag.«

Auch ich liebte diese Wintertage, an denen der Himmel plötzlich blau war und der Schnee um mich herum glitzerte. Es war windstill und die Luft war rein und klar. Mein ganzer Körper füllte sich mit Leben. Schon am frühen Morgen hatte ich gewusst, dass es ein schöner Tag werden würde. Aber er sagte es mit einer solchen Begeisterung, als würde er gleich anfangen zu tanzen.

Plötzlich fiel mir ein, dass er die ganzen Monate in der Wohnung des Priesters versteckt gewesen war, in einem Kleiderschrank.

»Wo ist Ihre Familie?«, fragte ich.

»Alle umgebracht, außer meiner Mutter. Die hat es geschafft, ihnen zu entkommen.«

»Wie?«, fragte ich.

»Sie ist einfach gestorben.«

Ich ging neben ihm her und schaute mich um. Nicht so, wie ich es sonst tat, sondern ich versuchte, alles mit seinen Augen zu sehen, neu zu sehen. Die Menschen, den weiß verschneiten Park, die Zeitungsverkäufer, die Frauen von den Dörfern mit ihren Körben, die Frauen, die Kinderwagen schoben, damit ihre Kleinen ein bisschen Sonne abbekamen.

»Und wenn Ihre Mutter noch leben würde, was hätten Sie dann getan?«, fragte ich.

»Du meinst, ob ich dann ohne sie aus dem Ghetto geflohen wäre? Nein, ich wäre nicht gegangen. Wir hätten schon früher mal fliehen können, noch vor den Deportationen. Es gab eine Familie, in einem Dorf, die bereit war, uns beide zu verstecken. Die Deutschen nennen die Deportationen ›Umsiedlung‹. Man siedelt uns in den Himmel um. Meine Mutter weigerte sich zu gehen, wegen der Kaschrut*. Weißt du, was das ist?«

Ich wusste es nicht und er erklärte es mir.

Ich erinnere mich noch, dass ich dachte: Diese armen Juden! Zu all den Schwierigkeiten, die sie ohnehin schon haben, weil sie Juden sind, haben sie auch noch alle möglichen Gesetze, die ihnen das Leben noch schwerer machen.

Von all dem, was er mir erklärte, kannte ich nur das Verbot, Schweinefleisch zu essen. In der Schule hatten Kinder erzählt, wie die Deutschen Juden gezwungen hatten, Schweinefleisch zu essen. Ich erinnere mich an einen kleinen Jungen, der sagte: »Ich tu so, als wäre ich Jude, damit sie mich auch zwingen.« Die anderen sagten, er habe keinen Bart und keinen Hut wie die Juden. Und dass er außerdem nachher umgebracht würde.

»Vom Ghetto aus kann man die Weichsel nicht sehen«, sagte er.

Das war mir noch nie eingefallen, wenn ich an das Ghetto gedacht hatte. Ein Leben ohne die Weichsel konnte ich mir überhaupt nicht vorstellen. Was hätte ich zum Beispiel im Sommer gemacht, wenn ich nicht immer zur Weichsel hätte gehen können, am Ufer sitzen und die Schiffe betrachten? Ich wäre verrückt geworden. In den Sommerferien arbeitete ich bei einem Bootsverleiher, Herrn Müller. Wenn keine Kunden da waren, durfte ich selbst ein bisschen rudern und ins Wasser springen, sooft ich wollte. Herr Müller bezahlte

---

Orthodoxe Juden essen nur Nahrungsmittel, die den strengen Reinheitsgeboten der jüdischen Religion entsprechen und auch koscher zubereitet werden. Wenn jemand untertauchte, konnte er die Regeln der Kaschrut natürlich nicht beachten.

mir Lohn. Allerdings bekam ich manchmal auch eine Ohrfeige.

»Wie alt bist du?«

»Vierzehn. Zur Sicherheit habe ich eine Geburtsurkunde in der Tasche, damit sie mich nicht zum Arbeiten schicken. Das ist nämlich fast mal passiert, weil sie nicht glaubten, dass ich so jung bin.«

»Ich hätte wirklich gedacht, dass du mindestens sechzehn bist. Und warum haben sie dich laufen lassen?«

»Ein Polizist war dabei, der mich kannte, von Herrn Koreks Wirtschaft. Dort arbeite ich öfter.«

Ich erzählte ihm, dass die Wirtschaft jetzt in der Grzybowskastraße war und was ich dort tat.

»Ich war wirklich Medizinstudent vor dem Krieg«, sagte er.

»Dann verstehen Sie was davon?«

»Nein, nicht so viel. Warum fragst du das?«

»Wegen meinem Großvater«, sagte ich.

Aber ich meinte etwas anderes. Immer hatte ich mir überlegt, dass ich gern mal einen Arzt treffen würde. Nicht einen mit einem weißen Kittel, zu dem man in die Praxis gebracht wird, wo dann auch immer noch andere Leute im Zimmer sind, meine Mutter zum Beispiel. Wenn ich einen Arzt kennen würde, so wie man Leute eben kennt und mit ihnen redet, dann könnte ich ihn über die Dinge ausfragen, die mich damals sehr beschäftigt haben, Dinge, die Eltern und Priester verboten. Beispielsweise über Onanieren. Davon sagte ich natürlich kein Wort.

Er kaufte sich Zigaretten und Streichhölzer bei einer lahmen Frau, an der ich immer vorbeikam, wenn ich zu Fuß zu meinen Großeltern ging. Plötzlich deutete er auf eines der Häuser und sagte: »In dem haben wir gewohnt, im Ghetto.«

Das hatte ich schon vergessen. Noch im Sommer hatte dieses ganze Gebiet zum Ghetto gehört. Mein Onkel und meine Tante hatten eine Wohnung bekommen, die vorher Juden gehört hatte, in der Zelaznastraße 62, neben dem früheren Kino *Akron*. Ich hatte sogar die Spielsachen gekriegt, die noch in der Wohnung gewesen waren. Sie sagten, ich könne vorbeikommen und alles nehmen, was ich wolle. In einem Zimmer gab es zwei hellblaue Regalbretter voller Spielsachen und Bücher. Ein Teil der Sachen war kaputt. In dem Zimmer standen auch zwei Betten, vermutlich hatte es zwei Brüdern gehört, denn ich sah keine Mädchenspielsachen. Es gab zwei Bären und ein Äffchen, die ich nicht nahm. Vermutlich haben sie einem kleinen Jungen gehört. Ich war erstaunt, dass die Bücher ganz normal waren, in Polnisch. Und auch die Spielsachen waren genau wie die eines Jungen bei uns. Nichts war da, was besonders jüdisch ausgesehen hätte – etwa, indem es mit anderen Buchstaben geschrieben war.

Von dort stammte auch das Buch *Die Elenden* von Victor Hugo.

Jedes Mal, wenn ich ein Kinderzimmer mit zwei Betten sah, wurde ich ganz neidisch. Ich hätte so gern einen Bruder oder eine Schwester gehabt. Aber sie sollten nicht Antonis Kinder sein.

Bevor wir zur Brückenstraße kamen, bat Herr Jozek, wir sollten rechts abbiegen. Wir machten einen Spaziergang durch die Altstadt. Auch ich trieb mich dort gerne herum.

Wenn ich allein zu meinen Großeltern ging, machte ich immer einen Umweg. Dann gingen wir auf die Kierbiedziabrücke. In der Mitte blieben wir stehen und schauten auf den Fluss hinunter. Hier und da war an den Ufern schon etwas Eis zu sehen, und der Schiffsverkehr mit den Ausflugsbooten, den Ruderbooten und den Kajaks war schon stillgelegt. Aber der Tag war so schön, dass man trotz des Eises und der verschneiten Ufer und trotz der nackten Bäume ein Gefühl hatte, als könnte jeden Augenblick ein Boot mit Touristen auftauchen und unter der Brücke durchfahren.

Während wir da standen, kamen zwei mit Holz beladene Kähne vorbei. Es war beruhigend, in das strömende Wasser zu schauen. Herr Jozek drückte es sehr schön aus: Die Bewegung des Wassers wirkt hypnotisierend, die Bewegung des Wassers und die Bewegung des Feuers.

Dann fragte er: »Warst du schon mal am Meer?«

Ich war noch nie am Meer gewesen, von Warschau aus war das ziemlich weit. Aber meine Mutter hatte mir versprochen, dass wir nach dem Krieg mal hinfahren würden. Ich versuchte, die Weichsel zu betrachten, ohne das Ufer gegenüber wahrzunehmen. So ähnlich müsste das Meer an einem nebligen Tag aussehen.

Ich fragte Herrn Jozek, aber er meinte, es sähe ganz anders aus. Ich erinnere mich noch, was er sagte: »Ein Fluss ist ein Fluss und das Meer ist das Meer. Beides ist schön, aber auf eine andere Art, beides riecht anders. Ich liebe das Meer und ich liebe die Weichsel.«

Ich weiß auch, warum sich mir diese Worte so eingeprägt haben. Bis dahin hätte ich nie geglaubt, dass auch ein Jude die Weichsel lieben könnte.

Als wir die Brücke verließen, fragte er mich nach meinem Namen.

»Marek«, sagte ich und erklärte ihm die Sache mit dem Nachnamen meiner Mutter, mit Antoni.

Er heiße Jozek, sagte er und schlug vor, dass ich ihn Herr Jozek nennen solle, aber er sagte mir nicht seinen Familiennamen. Bis heute habe ich keine Ahnung, warum er es nicht tat.

Wie immer im Winter saß mein Großvater hinter der verschlossenen Tür. Er saß und schaute durch das Fenster, von dem meine Großmutter das Eis abgekratzt hatte, bevor sie weggegangen war.

Ich wusste nie, ob mein Großvater wirklich etwas sah. Manchmal glaubte ich, wenn ich von der Straße auf ihn zukam, dass er überhaupt nichts betrachtete und nichts bemerkte, obwohl seine Augen offen waren. Er hatte immer seinen Stock in der Hand, klopfte damit von Zeit zu Zeit auf den Boden, sodass allmählich eine Delle im Holz entstanden war, oder er malte mit dem Finger etwas auf die Tür oder das Fenster. Seine untere Gesichtshälfte war eingefallen, als wäre er schon hundert Jahre alt, weil meine Großmutter sein Gebiss im Schrank eingeschlossen hatte.

Als wir eintraten, beachtete er uns nicht gleich, er sprach halblaut mit irgendjemandem.

Normalerweise unterhielt er sich mit seiner großen Schwester oder mit seinem Vater oder seiner Mutter. Wenn er sich mit jemandem stritt, war das ein Zeichen, dass er mit seiner Schwester sprach. Mit seiner Mutter unterhielt er sich, als würde sie vor ihm sitzen und er ihr alles Mögliche erzählen. Ich hatte schon versucht, ihn zu verstehen, aber das war unmöglich. Ein Satz war logisch, dann kam wieder etwas ganz anderes. Er sagte zum Beispiel: »Mutter, diese Zigaretten kann man auf der Straße verkaufen, aber der Deutsche hat die Wasserspülung nicht gezogen, dieses Schwein.« Das waren Teile von Geschichten oder verschiedenen Erinnerungen, die er einfach zusammensetzte.

Wenn er mit seinem Vater sprach, sagte er »mein Herr« oder »Herr Vater«. In Polen gibt es heute noch Leute, die so mit ihren Vätern sprechen.

»Großvater, guten Morgen!«, schrie ich, denn er war auch ein bisschen schwerhörig.

Ich zeigte ihm die Dose Sardinen und er richtete sich sofort auf.

»Das hat die Großmutter geschickt«, sagte ich.

Wir halfen ihm auf die Beine, führten ihn zum Tisch und setzten ihn auf einen Stuhl. Ich hatte gefürchtet, in der Wohnung würde es kalt sein, weil meine Großmutter die Kohlen für die kalten Abende aufhob, aber die Holzscheite brannten noch und es war angenehm warm.

Mein Großvater kümmerte sich überhaupt nicht um Herrn Jozek, als wäre es völlig selbstverständlich, dass ich ihn mitgebracht hatte.

Herr Jozek zog seinen Mantel aus und hängte ihn an die Garderobe, zusammen mit seinem Hut. Wenn Antoni etwas Schlechtes über die Juden sagen wollte, behauptete er immer, dass sie im Haus ihre Hüte nicht absetzten. Ich glaubte es ihm nicht. Zwar trugen die drei Brüder, unsere Kunden, im Allgemeinen Hüte, aber das war im Keller. Ich konnte mir nicht vorstellen, dass jemand seine Wohnung oder die eines anderen betrat, ohne seinen Hut abzusetzen. Ich war davon überzeugt, dass Antoni sich diese Geschichte nur ausgedacht hatte, weil er Juden nicht leiden konnte.

Ich holte ein halbes Brot und ein Stück Käse aus dem Schrank und stellte drei Tassen und Sauermilch auf den Tisch. Die Sauermilch setzte meine Großmutter immer neben dem Herd an. Ich brachte Teller und deckte den Tisch. Sardinen und noch dazu ein Gast, das gab es nicht jeden Tag. Ich füllte den Kessel mit Wasser und stellte ihn auf den Herd. Dann legte ich noch Holz auf, damit das Wasser bald kochte.

Mein Großvater und meine Großmutter hatten kein Gas und keinen Strom. Abends machten sie eine Petroleumlampe oder Kerzen an.

Meine Großmutter sagte immer, dass sie mit den städtischen Betrieben nichts zu tun haben wollte. Sie wollte nicht, dass einer zu ihr kam, um den Zähler abzulesen oder eine Rechnung zu bringen. Heute glaube ich, dass es nicht an ihrem Geiz gelegen hat, sondern an der Untergrundbewegung.

Mein Großvater wollte das Brot schneiden, aber seine Hände zitterten. Deshalb schlug er nur ein Kreuz und betete, und ich holte den Schlüssel zu dem kleinen Schrank aus dem Versteck, gab meinem Großvater sein Gebiss und wir fingen an zu essen.

Da erst sah ich, wie hungrig Herr Jozek war. Zwischen zwei Bissen fragte er, warum das Gebiss meines Großvaters eingeschlossen war. Ich erklärte ihm, dass mein Großvater manchmal auf dem Bett lag und einschlief, mit dem Gebiss im Mund, und er dann ersticken könnte. Außerdem spielte er manchmal damit im Mund herum, wenn er auf dem Stuhl oder im Sessel saß, und wenn es herausfiel und kaputtging, würde er nichts mehr kauen können.

Plötzlich wurde mein Großvater während des Essens ganz starr. Er bewegte sich nicht mehr und seine Gabel befand sich zwischen Mund und Teller. Ich hatte gehofft, das würde nicht passieren, er würde mir die Schande vor dem Gast ersparen. Er vergaß nämlich öfter, dass wir aßen, und dann kleckerte das Essen von seiner Gabel auf ihn oder auf den Fußboden.

Ich nahm ihm die Gabel aus der Hand und fütterte ihn.

»Du gehst sehr lieb mit deinem Großvater um«, sagte Herr Jozek.

»Na ja, ich bin daran gewöhnt.«

Dann sagte ich etwas, was ich mir besser verkniffen hätte. Ich lachte und sagte: »Wenn meine Großmutter wüsste, dass ein Jude hier sitzt, an ihrem Tisch, würde sie alles mit Lysol abwaschen.«

»Hasst sie die Juden so sehr?«

»Ja«, sagte ich.

»Deine ganze Familie?«

»Nein, nicht alle. Von meinem Onkel, der umgekommen ist, weiß ich es nicht. Mein Onkel Wladyslaw hasst sie nicht und liebt sie nicht. Er lebt nur von ihnen. Nicht durch Verrat oder Erpressung«, ich musste schlucken, »er versteckt sie gegen Geld. Sie verstehen schon. Das ist der Onkel, zu dem ich gegangen bin.«

»Und deine Mutter?«

»Meine Mutter glaubt, dass alle Menschen vor Gott gleich sind. Egal, an was sie glauben oder nicht glauben. Wie sie sich anziehen oder wie ihre Bräuche sind. Außerdem sagt sie sowieso immer das Gegenteil von dem, was meine Großmutter sagt.«

»Und dein Stiefvater?«

Ich sagte es ihm.

»Nur die Deutschen hasst er noch mehr. Und vielleicht auch die Kommunisten. Mein Stiefvater glaubt, wenn es nicht die Deutschen gebe, hätten wir selbst die Juden aus Polen verjagen müssen. Er meint, wir hätten sie alle nach Palästina schicken müssen, sogar auf unsere Kosten. Weil es in einem Land nur Platz für ein Volk gebe.«

»Und was ist mit den Ukrainern und den Belorussen, die in Polen leben?«

Ich zuckte die Schultern. Daran hatte ich noch nie gedacht.

»Jedenfalls sind das Christen und keine Juden«, sagte ich.

»Sie denken nicht wie du«, sagte Herr Jozek. Dann fragte er, was mein Großvater von Juden hielt.

»Großvater«, schrie ich, »was hältst du von den Juden?«

Ich glaubte, er würde überhaupt nicht verstehen, was ich sagte. Aber er dachte kurz nach und antwortete feierlich: »Juden Läuse Flecktyphus.«

Ich war verblüfft, dass er die deutschen Plakate gelesen hatte und sie wiederholen konnte. Manchmal überraschte er mich wirklich, wenn er trotz allem etwas mitbekam.

»Herr Jozek, haben Sie noch Hunger?«, fragte ich.

»Was gibt es noch zu essen?«

Es gab noch Eier.

Auch ich aß ein Ei, obwohl ich schon nicht mehr hungrig war. Ich bekam einfach seinetwegen Appetit. Für Großvater machte ich ein weiches Omelette und fütterte ihn. Er liebte solche Omelettes, die er auch ohne Gebiss essen konnte. Bei dieser Gelegenheit versuchte ich, es ihm herauszunehmen, aber er wollte es nicht hergeben. Na gut, dachte ich, nach dem Essen ist immer noch Zeit.

Dann tranken wir Tee, wie meine Großeltern ihn immer tranken, meine Mutter und Antoni. Erst zerbeißt man ein Stück Zucker und schiebt es unter die Zunge, und dann trinkt man Tee ohne Zucker, und er schmeckt trotzdem sehr süß. Das war nicht aus Sparsamkeit, auch wenn die Sitte ursprünglich aus diesem Grund entstanden war. Es war eine Art Zeremonie des Teetrinkens bei uns. Man merkte sofort, dass auch Herr Jozek diese Sitte von seinem Elternhaus her kannte.

Dann passierte etwas Peinliches. Mein Großvater weigerte sich, sein Gebiss herzugeben.

Ich redete auf ihn ein. Auch Herr Jozek versuchte, ihn zu überreden. Aber mein Großvater machte den Mund zu und zeigte uns den Rücken. Am Schluss machte er auch noch die Augen zu und stellte sich taub. Herr Jozek schlug vor, ihm das Gebiss zu lassen, solange wir noch hier bei ihm saßen.

Da sagte ich ihm, dass ich beschlossen hatte, mit meiner Mutter über die ganze Sache zu reden. Inzwischen sollte er hier auf mich warten. Ich hatte mir überlegt, dass es besser wäre, wenn meine Mutter mit meinem Onkel sprach und nicht ich und wenn sie die ganze Angelegenheit mit ihm regelte.

Meine Mutter war die Einzige, die über mich und das, was ich getan hatte, Bescheid wusste. Ich war sicher, dass sie sofort verstehen würde, was ich wollte, und mir helfen würde, meinen Onkel zu überreden.

Da stellte sich heraus, dass Herr Jozek kein Zutrauen zu meinem Plan hatte.

»Ich finde es schön, dass ich mit dir zusammen war, Marek«, sagte er. »Vielleicht, weil wir gemeinsam geflohen sind und weil du zurückgekommen bist, um mich zu holen, ohne dass du mich erpressen wolltest. Ich hatte dich auch schon ein paar Mal in der Kirche gesehen. Vielleicht habe ich mich dadurch vorübergehend verleiten lassen, mit dir zu deinem Onkel zu gehen. An so einem schönen Tag lohnt sich das Risiko, jemandem zu vertrauen. Aber wenn ich mir die ganze Sache jetzt überlege, ohne den Druck der Straße, kommt sie mir vollkommen unvernünftig vor. Ich wollte es dir schon vorhin sagen, aber ich habe es hinausgeschoben. Schließlich konnte es nicht schaden, mit dir hierherzukommen, ein bisschen bei deinem Großvater zu sitzen und zu überlegen, was ich tun kann.«

»Und was wollen Sie tun?«

»Zuerst werde ich die schlechte Adresse ausprobieren.«

»Aber warum? Warum kommen Sie nicht mit mir? Ich werde mit meiner Mutter sprechen und alles kommt in Ordnung. Mein Onkel nimmt Juden auf, er macht keine Schwierigkeiten.«

»Angenommen, ich bin einverstanden. Was wirst du zu deiner Mutter sagen? Einfach so, dass du einen Juden auf der Straße getroffen hast und möchtest, dass sie mit deinem Onkel spricht?«

Ich schüttelte den Kopf.

»Im Ernst, was willst du ihr sagen? Dass du willst, dass sie mit ihrem Bruder spricht, damit er noch einen Juden von der Straße aufnimmt und in seiner Wohnung versteckt? Dass sie die Verantwortung dafür übernimmt? Wer Juden versteckt, bekommt die meistens über jemanden, den er kennt und dem er vertraut. Dein Onkel könnte zum Beispiel glauben, ich sei ein Erpresser oder würde mit den Deutschen zusammenarbeiten. Und noch etwas geht mir nicht aus dem Kopf, entschuldige, dass ich das so sage, aber die ganze Sache kommt mir jetzt auf einmal sehr seltsam vor: Warum gibst du dir solche Mühe, Marek, und warum willst du mir helfen?«

Ich wusste nicht, was ich sagen sollte.

»Und wenn deine Mutter sich mit deinem Stiefvater berät und dein Stiefvater die Polizei ruft? Und wenn deine Großmutter nach Hause kommt, während du weg bist, und mich für einen Einbrecher hält? Nein, das ist mir alles zu gefährlich.«

Er stand auf und wollte gehen.

»Meine Großmutter kommt erst am späten Nachmittag«, sagte ich verzweifelt.

Er hörte mir schon nicht mehr zu.

»Auf jeden Fall vielen Dank, Marek«, sagte er. »Ich habe wenigstens gut gegessen. Der Priester, der mich versteckt hat, hat mit jedem Brotkrümel gegeizt.«

Wieder lächelte er.

Jesus Maria, ich wollte nicht, dass er ging. Auf keinen Fall.

Und da beschloss ich, ihm die Wahrheit zu sagen, wenigstens zum Teil. Ich bat ihn, sich noch für einen Moment zu setzen, ich wolle ihm etwas erzählen. Er setzte sich und schaute mich neugierig an.

Ich erzählte ihm, wie ich morgens auf der Grzybowska-

straße Wacek und Janek getroffen hatte. Ich sei zwar manchmal mit ihnen zusammen, aber ich hätte nie mit ihnen Juden
erpresst. Ich hätte noch nicht mal gewusst, dass sie das taten.
Bis zu diesem einen Mal. Ich hätte mitgemacht, weil ich
dachte, dass sie es sowieso taten, egal, ob ich mitmachte oder
nicht. Ich gab zu, dass ich mich von dem Geld verführen ließ,
das ich ausgeben könnte. Und wie meine Mutter das Geld
gefunden hatte. Am Schluss sagte ich ihm, dass das Geld
noch bei uns war, bei meiner Mutter. Ich wollte, dass er das
Geld bekäme oder dass wir damit für ihn bezahlten, bis
nichts mehr da wäre. Ich weiß nicht, wann ich jemals so viel
geredet hatte. Ich redete und redete, bis ich fertig war.

Er saß da und dachte nach.

Und mein Großvater klopfte die ganze Zeit mit dem Finger auf den Tisch. Tik-tik-tik, Pause. Dann wieder: Tik-tik-
tik, Pause.

»Glaubst du, dass deine Mutter die Verantwortung auf
sich nimmt, mich zu ihrem Bruder zu bringen?«

Ich zuckte mit den Schultern.

»Gut«, sagte er, »geh und versuch's.«

7 Wohin?

Ich erwischte gerade noch die Fünfzehn zum Wilsonplatz und fuhr zu der Näherei, in der meine Mutter arbeitete. Ich sagte, ich sei aus der Klasse geschickt worden und solle sie sofort holen. Meine Mutter bat ihren Chef um Erlaubnis. Der Volksdeutsche lachte und drohte mir mit dem Finger, aber er ließ sie gehen.

Draußen erzählte ich ihr dann die ganze Geschichte, dass ich Herrn Jozek schon vor längerer Zeit in der Kirche neben der Schule entdeckt hatte und wie wir zusammen vor der Razzia geflohen waren. Sie fragte sofort, ob ich meine Geburtsurkunde dabeihatte. Ich sagte ihr auch, dass ich ihn schließlich in die Wohnung meiner Großeltern gebracht hatte, weil mein Onkel und meine Tante nicht zu Hause waren.

»Du hast Glück gehabt, dass niemand zu Hause war«, sagte sie.

Ich erzählte, wie es unterwegs gewesen war und über was wir geredet hatten. Sie wollte alles genau wissen.

Als ich meine Geschichte beendet hatte, umarmte sie mich und gab mir einen Kuss. Ich fühlte mich schon ein wenig erleichtert.

»Als Erstes fahren wir zu diesem Priester«, sagte sie.

Das taten wir. Wir klopften an seine Tür. Eine alte, falsch aussehende Frau machte uns auf und ließ uns an der Tür stehen.

»Mein Bruder ist schwer verletzt und empfängt niemanden«, sagte sie entschieden und machte uns die Tür vor der Nase zu.

Wir gaben nicht auf. Immer wieder klopften wir, bis wir die Stimme des Priesters hörten, der befahl, sie solle die Gläubigen einlassen.

Sie kam zur Tür und öffnete, ließ aber nur meine Mutter eintreten. Ich solle draußen warten, befahl sie.

Es dauerte eine Weile, bis meine Mutter zurückkam. Der Priester hatte alles geleugnet, obwohl meine Mutter ihm die Fragen ins Ohr geflüstert hatte, damit seine Schwester nichts hörte. Dann hatte er sie endlich weggeschickt, sie solle ihm Zigaretten und eine Zeitung kaufen. Natürlich verstand sie, dass ihr Bruder sie loswerden wollte, damit sie das Gespräch nicht belauschen konnte. Deshalb war sie auch wie ein Orkan aus der Tür gestürmt und hatte etwas gemurmelt wie »Gutes mit Bösem vergelten«. Was sie sonst noch sagte, hatte ich nicht verstehen können.

Einige Minuten später kam dann meine Mutter und sagte, dass alles in Ordnung sei. Er hatte ihr gute Ratschläge gegeben.

Dann gingen wir in die Zelaznastraße, zu meinem Onkel und meiner Tante. Ihr Eingang war im Hof, aber der Portier kannte uns. Beide waren schon zu Hause. Wieder musste ich im Flur warten. Dann wurde ich ins Zimmer gerufen, und mein Onkel schaute mich so seltsam an, dass ich erschrak. Aber er sagte nichts.

Es stellte sich heraus, dass er keinen Platz hatte. Aber wenn das hintere Zimmer frei würde, würde er es für unseren Juden aufheben, wenn er bis dahin noch nichts gefunden hätte und wenn er dann überhaupt noch da wäre. Inzwischen sollten wir zu Herrn Korek gehen, meinte er. Der würde unseren Juden bestimmt nehmen, und sogar für weniger Geld. Dort wäre er zwar nicht so sicher wie bei ihm, aber im Moment könne er nicht noch jemanden unterbringen. Wir sollten das Geld auf alle Fälle aufheben, damit wir ihm einen anständigen Preis im Voraus zahlen könnten, wenn wir ihn bringen würden.

Meine Mutter sagte, wir würden nicht mehr als die bereits vereinbarte Summe bezahlen, und auch die immer nur einen Monat im Voraus. Und auf gar keinen Fall nur dafür, dass er einverstanden war. Noch nie hätte sie gehört, dass ein Bruder so etwas von seiner Schwester verlangt habe.

Ich fand es schade, dass sie ihm von dem Geld erzählt hatte. Aber anders hätte sie ihm die ganze Sache nicht klarmachen können. Außerdem hasste sie es, jemanden anzulügen, besonders jemanden aus der Familie. Vermutlich war sie zu Recht davon ausgegangen, dass nur die wahre Geschichte ihren Bruder Wladyslaw dazu bringen könnte, Herrn Jozek aufzunehmen.

»Das Geld, das Herr Korek von den Juden bekommt«, sagte sie und schaute ihm direkt ins Gesicht, »gibt er dem Widerstand.«

»Jeder auf seine Art«, sagte er.

Wir gingen. Meine Mutter war sehr wütend. Sie sagte, mein Onkel sei so geldgierig wie ... Sie stockte. Es war ihr peinlich. Sie war wirklich nicht antisemitisch, aber das war eben so ein Ausdruck.

Die Tatsache, dass Herr Korek Juden versteckte, überraschte mich. Nie hatte ich auch nur den geringsten Verdacht geschöpft. Ich hatte nichts gesehen, obwohl ich doch mehrmals in der Woche dort war. Ich ging zwar nie in die Wohnung, aber trotzdem hätte ich etwas merken müssen. Vermutlich versorgte er sie, wenn keiner seiner Leute mehr in der Nähe war. Ich war überzeugt, dass er Herrn Jozek verstecken würde, wenn wir ihn darum baten.

Wir gingen zur Wirtschaft. Das war nicht weit. Ich bat meine Mutter, Herrn Korek nicht die Wahrheit zu sagen. Sie solle einfach sagen, dass sie Herrn Jozek von früher kenne, oder vielleicht noch besser, dass sie seinen Vater gekannt habe. Irgendetwas.

Meine Mutter versprach, eine Geschichte zu erfinden. Ich bräuchte mir keine Gedanken zu machen.

Den ganzen Weg über überlegte ich hin und her, was wir tun könnten, wenn Herr Korek vielleicht nicht da wäre. Und meine Mutter hatte es eilig, wieder zur Arbeit zu kommen, damit der Volksdeutsche keinen Verdacht schöpfte.

Um diese Tageszeit ging ich gerne zur Wirtschaft, wenn noch niemand da war, aber alles schon sauber glänzte, wenn die Wirtsstube ruhig und warm war und es noch nicht nach Zigaretten und Pfeifen und billigem Tabak stank. Auch nicht nach selbst gebranntem Schnaps, der bei uns Bimber hieß und aus Kartoffeln gemacht wurde.

Herr Korek war in seinem Büro. Er war ein erstaunlich großer Mann. Mein Vater habe so ähnlich ausgesehen, sagte meine Mutter immer. Die beiden seien auch Freunde gewesen, bevor mein Vater in seinen Ansichten so fanatisch wurde. Später, als mein Vater aus Russland zurückgekommen war, habe sich ihre Beziehung wieder etwas verbessert. Herr Korek sei auch nie der Meinung gewesen, man müsse

101

der Religion abschwören, weil sie nur Opium für das Volk sei.

Manchmal hatte ich meine Mutter gefragt, was sie meine, ob ich mit meinem Vater wegen der Religion Streit bekommen hätte. Davon war sie überzeugt. Das lag daran, dass ich seit Beginn des Krieges unbewusst Antonis Ideen übernommen hatte. Das hätte ich allerdings nie zugegeben. Mein Vater wäre damit sicher nicht einverstanden gewesen. Aber sie sagte auch, nachdem Hitler und Stalin einen Pakt geschlossen und unsere Heimat aufgeteilt hatten, hätte er ganz bestimmt auch seinen Glauben an Russland verloren. Ich erinnere mich, dass meine Mutter immer sagte, der Krieg zwischen Deutschland und Russland sei die Strafe für den Verrat, den sie an uns verübt hätten. Als hätte ein Bruder den anderen im Stich gelassen. Aber schon damals sah sie voraus, dass die Russen uns befreien und damit ihre Schuld begleichen würden.

Wenn Antoni in der Nähe war, fügte er sofort hinzu: »Ja, ja, und dann hundert Jahre die Umarmung des Bären.«

Auch mit Herrn Korek sprach meine Mutter sicher zehn Minuten lang hinter verschlossener Tür. Ich fragte mich, ob sie ihr Versprechen halten würde, ihm nichts über mich zu erzählen.

Als sie zurückkamen, sagte er: »Deine Mutter möchte, dass ich einen jungen Juden aufnehme, dessen Vater ein Freund von Bronislaw war. Er ist auch bereit, einen Vorschuss zu bezahlen. Das ist gut, das Geld können wir brauchen.«

Er wusste, dass ich über die Widerstandsbewegung informiert war.

Damit das verständlich wird: Die »Volksarmee« und die »Vaterlandsarmee«, die Grünen und die Roten, waren die beiden wichtigsten Widerstandsgruppen gegen die Deutschen. Antoni hielt die »Vaterlandsarmee« für Patrioten und die »Volksarmee« für rote Kommunisten. Sicher ist, dass die »Vaterlandsarmee« als antisemitisch galt und dass man immer wieder davon hörte, wie junge Juden, die versehentlich in den Wäldern auf die Partisanen der »Vaterlandsarmee« stießen und sich ihnen anschließen wollten, von ihnen verjagt wurden. Ich muss allerdings zugeben, dass nicht jeder, der zur »Vaterlandsarmee« gehörte, ein Antisemit war, auch wenn das bei den meisten der Fall war. Und man kann auch nicht sagen, dass alle, die zur »Volksarmee« gehörten, etwas für die Juden übrighatten. Aber im Allgemeinen verhielten sie sich anständig ihnen gegenüber.

Das Thema »Volksarmee« und »Vaterlandsarmee« war einer der Punkte, über den meine Mutter und Antoni sich nie einig wurden. Wie das Thema Juden. Meine Mutter und Herr Korek waren für die »Volksarmee«, ich, mein Stiefvater und meine Großmutter für die »Vaterlandsarmee«. Aber nicht deshalb hatte ich dem Juden Geld abgenommen. Denn was die Juden betraf, was alle Menschen betraf, dachte ich immer so wie meine Mutter. Nur bei einer Sache hatten meiner Meinung nach Antoni und meine Großmutter Recht: Wir brauchten nicht so viele Juden in Polen, sie sollten nach Palästina gehen.

Wir gingen zusammen weg, meine Mutter und ich. Sie hatte mich nicht verraten.

Ich solle Herrn Jozek informieren, sagte sie, dass sein Vater angeblich ein Freund meines Vaters gewesen sei, damit er

Bescheid wüsste, wenn er zu Herrn Korek käme. Sie hatte ihm erzählt, sein Vater und mein Vater hätten sich beide für alte Bücher interessiert und Vater habe ihm manchmal seltene Stücke für seine Bibliothek abgekauft.

Meine Mutter zögerte einen Moment, dann sagte sie mir, wo sie das Geld versteckt hatte und wie viel ich nehmen musste, um Herrn Korek für einen Monat im Voraus zu bezahlen. Sie selbst musste jetzt unbedingt sofort wieder zu ihrer Arbeit.

Ich war stolz auf das Vertrauen, das sie mir bewies.

»Wie viel müssen wir aufheben für Onkel Wladyslaw?«, fragte ich.

Meine Mutter wurde wütend. »Es ist genug da«, sagte sie. »Aber wenn Herr Jozek bei Herrn Korek bleiben kann, bringen wir ihn nicht zu meinem Bruder.«

Sie gab mir ein paar Zloty für die Straßenbahn, und ich fuhr nach Hause, um etwas von dem Geld zu holen. Erst wollte ich meine Schultasche zu Hause lassen, aber dann nahm ich sie doch mit. Plötzlich dachte ich wie Leute vom Untergrund. Ein Junge mit einer Schultasche ist weniger verdächtig. Und schließlich musste ich ja noch mit Herrn Jozek von der Wohnung meiner Großeltern zur Wirtschaft gehen.

Als ich die Brückenstraße erreichte, wurde ich unruhig und fragte mich, ob ich Herrn Jozek noch dort vorfinden würde. Vielleicht hatte er seine Meinung geändert und war gegangen.

Aber er war da. Er saß am Tisch und las meinem Großvater aus der Zeitung vor. Das heißt, er übersetzte die Zeitung aus dem Deutschen.

Ich erzählte ihm von Herrn Korek und dass mein Onkel erst später Platz habe, wenn er dann noch interessiert sei. Aber ich sagte nicht, wie scharf mein Onkel auf Geld war. Trotz allem war er der Bruder meiner Mutter und die Familienehre musste gewahrt werden. Er fand Mutters Geschichte nicht schlecht, auch nicht so weit entfernt von der Wahrheit, da sein Vater tatsächlich mit antiquarischen Büchern gehandelt habe, allerdings noch vor dem Ersten Weltkrieg.

Dann zog er den Mantel an und nahm seinen Hut und plötzlich fiel es uns beiden ein – das Gebiss. Wir konnten nicht weggehen, ohne meinem Großvater die Zähne abgenommen zu haben. Mein Großvater weigerte sich hartnäckig, es herzugeben, ich weiß nicht, warum. Vielleicht wollte er einfach nicht allein bleiben. Normalerweise konnte man ihn überreden, auch wenn es manchmal ein bisschen länger dauerte. Problematisch wurde es nur abends, wenn er nicht wollte, dass man ihn ins Bett brachte.

Wir konnten nicht weg.

Wir versuchten es mit Reden, aber nichts half. Ich sagte zu Herrn Jozek, man müsste etwas tun, was ihn vollkommen verblüffte. Dann machte er nämlich den Mund auf, wie kleine Kinder, die erschrecken, und man konnte ihm das Gebiss herausnehmen. Man brauche keine Angst zu haben, dass er beißt, sagte ich, denn er reagiere nur sehr langsam. Alles dauere sehr lange bei ihm. Jede Bewegung, jeder Schritt, jedes Wort, selbst jeder Gedanke. Wenn ihm etwas einfiel, konnte man drei Vaterunser beten, bis er es ausgesprochen hatte.

»Was tut ihr, um ihn zu verblüffen?«, fragte Herr Jozek.

»Plötzlich vor ihm in die Höhe springen«, sagte ich. »Oder einer stellt sich auf den Kopf und wackelt mit den Beinen. Das hängt davon ab, wer da ist. Antoni hebt ihn ganz einfach plötzlich hoch.«

Ich zögerte einen Moment, ob ich ihm von meiner Großmutter erzählen sollte, und konnte der Versuchung nicht widerstehen.

»Und meine Großmutter«, sagte ich, »macht etwas ganz Ordinäres.«

Er wollte wissen, was, aber es tat mir schon wieder leid, etwas gesagt zu haben. Meine Großmutter hob nämlich plötzlich alle ihre Röcke gleichzeitig hoch und zeigte ihm ihren Hintern, und dann konnte ich ihm die Zähne wegnehmen. Eine simple und sehr wirksame Methode.

Herr Jozek schaute sich suchend im Zimmer um.

»Marek«, sagte er, »ich habe eine Idee.«

In der Ecke neben der Tür stand Großvaters Schirm. Herr Jozek nahm den Schirm und sagte, ich sollte mich bereitstellen. Ich wusste nicht, was er vorhatte, aber ich stellte mich bereit. Er ging auf meinen Großvater zu und machte plötzlich vor ihm den Schirm auf. Mein Großvater war tatsächlich verblüfft. Sein Mund ging auf und ich nahm sein Gebiss heraus.

Alles wäre in Ordnung gewesen, wenn mein Großvater nicht zu sich gekommen wäre. Manchmal war er plötzlich wieder bei Sinnen und wurde der Großvater von früher. Wenn wir gerade etwas Lächerliches gemacht oder ihn wie ein kleines Kind behandelt hatten, zum Beispiel ihn gefüttert oder mit Gewalt ausgezogen, um ihn ins Bett zu bringen, oder irgendetwas wegen seines Gebisses, dann schaute er uns an, als wären wir verrückt geworden. Seine Augen waren wieder klar und klug wie früher und er schaute uns erstaunt an. Was taten wir mit ihm, wie konnten wir es wagen, ihn so zu behandeln, wir sollten uns schämen. Dann wäre ich am liebsten im Erdboden versunken.

Manchmal kam er nur für einige Minuten zu sich, manchmal dauerte es Stunden oder sogar ein paar Tage. In Ausnahmefällen sogar eine Woche oder länger. Dann war er wieder er selbst, als wäre er überhaupt nicht krank. Er wunderte sich nur über die verlorene Zeit. Sein Bewusstsein setzte immer in dem Moment wieder ein, wo er es verloren hatte. Die Zeit dazwischen existierte nicht. Er wachte immer auf, schaute sich um und war erstaunt, dass die Zeit vergangen war, ohne dass er es bemerkt hatte, und stellte einige Fragen über den Krieg.

Ich werde nie vergessen, wie meine Großmutter und ich ihm einmal auf ihre Art sein Gebiss wegnahmen. Er kam plötzlich zu sich, schaute uns an und sagte: »Was machst du da? Schämst du dich nicht? Marek ist doch hier. Und du, was machst du mit mir, Marek? Wie kannst du es wagen? Gib mir sofort mein Gebiss zurück. Und jetzt geh nach Hause und komme nicht zurück, bis ich mit deiner Mutter gesprochen habe.«

Ich brachte Herrn Jozek zu Herrn Korek und er gefiel ihm sofort. Herr Korek versprach, eine Bücherkiste herunterzuholen, die auf dem Dachboden stand. Vielleicht würde Herr Jozek etwas Interessantes zum Lesen finden.

Ich gab Herrn Korek das Geld und ging nach Hause.

8 Verräter

Mehr als zwei Monate lang ging alles gut, bis Anfang April. Man könnte fast sagen, ich hätte Herrn Jozek vergessen, denn ich durfte nicht zu ihm hinauf, wenn ich in der Wirtschaft arbeitete. Nur noch ein- oder zweimal brachte ich Herrn Korek einen Teil des versteckten Geldes, bevor es passierte.

Eines Tages wartete meine Mutter am Schultor auf mich. Ich erschrak sehr. Immerhin war sie gesund und munter. Als wir uns ein Stück von der Schule entfernt hatten, erzählte sie mir, was passiert war. Herr Korek war in Streit geraten mit Herrn Szczupak, in einen ernsthaften Streit, bei dem es sogar zu Handgreiflichkeiten gekommen war. Herr Szczupak war ein bekannter Verräter. Auch vor dem Krieg hatte er schon Spitzeldienste für die Polizei geleistet und in den Kriegsjahren arbeitete er für die Deutschen. Er stand ganz oben auf Antonis Abschussliste.

Herr Korek hatte nun Angst bekommen, obwohl Szczupak bei ihm in der Wirtschaft verkehrte und noch nie jemanden von den Leuten dort verraten hatte. Vielleicht brauchte er deshalb immer nur die Hälfte zu bezahlen. Aber Herr Korek hatte Juden im Haus, nicht nur Herrn Jozek, auch andere. Natürlich wusste Herr Szczupak nichts von den Juden, aber Herr Korek hatte Angst, er könnte ihn wegen etwas anderem verraten, und dann würde das Haus durchsucht und alles käme heraus. Viele Leute waren bereit, ne-

benbei Geld mit den Juden zu verdienen, und Herr Korek
gab das meiste Geld dem Widerstand, aber keiner wollte
sterben. Deshalb hatte Herr Korek meine Mutter in der
Näherei angerufen und sie gebeten, sofort zu kommen und
die »Ware« abzuholen.

Meine Mutter war schon bei Onkel Wladyslaw gewesen,
aber er konnte Herrn Jozek noch immer nicht nehmen.
Einen Platz hob er zwar immer für »vorübergehende« Juden
auf, denn die waren bereit, mehr für eine kurze Zeit zu
bezahlen, wenn sie wirklich in Not waren, aber dieser Platz
war gerade besetzt, noch etwa eine Woche oder zehn Tage.

Meine Mutter sagte, ich solle gehen und mit meiner
Großmutter reden, und gab mir auch Tipps, wie ich mit ihr
reden solle, aber ich sagte, ich wüsste schon, wie.

Die Wohnung meiner Großeltern war natürlich ein idea-
ler Platz, um Herrn Jozek zu verstecken. Sogar wenn er von
jemandem beobachtet würde, wenn er mit uns hineinging,
würde er für einen Arzt gehalten werden.

Wir überlegten eine Weile, welche Geschichte wir meiner
Großmutter erzählen könnten. Das war gar nicht so einfach.
Deshalb beschlossen wir, ihr die Wahrheit zu sagen, das
heißt eine leicht veränderte Version der Wahrheit. Wir wollten sagen, Herr Jozek sei ein Lehrer von mir gewesen, vor
dem Krieg, und ich hätte ihn zufällig auf der Straße getroffen. Natürlich wüssten wir, dass er Jude sei, aber wir wollten
ihm helfen. Er brauche auch nur einen Unterschlupf für ein
paar Tage, bis er zu seiner festen Adresse gehen könne, die
Freunde von ihm organisierten. Es handle sich nur um eine
Woche oder höchstens zehn Tage. Und natürlich würde er
auch bezahlen. Antoni wisse nichts von der ganzen Ge-

schichte, und wir hätten auch nicht vor, es ihm zu sagen. Das
sei auch der Grund, weshalb wir ihn nicht zu uns nehmen
könnten, auch wenn es uns gelänge, ihn ins Haus zu bringen, ohne dass Walenti, der Portier, es bemerkte.

Ich fuhr zum Theaterplatz. Meine Großmutter saß schon
an ihrem üblichen Platz. Ich küsste sie, obwohl sie dann
immer sofort wusste, dass ich etwas von ihr wollte. Ich
wollte ja tatsächlich etwas. Außerdem mochte sie es, wenn
ich sie küsste, auch wenn es sie, häufig mit gutem Grund,
misstrauisch machte. Ich küsste sie, und sie drohte mir mit
dem Finger und sagte: »Ich habe weder Geld noch Sardinen,
Marek, ich habe nichts. Also, was willst du von mir, mein
Herzensschatz?«

Das sagte sie immer, wenn sie gut gelaunt war.

»Großmutter«, sagte ich, »diesmal geht es um etwas Erns-
tes. Aber erst muss ich dich etwas fragen.«

Sie schaute mich an und sagte nichts. Da fing ich mit Jesus
und der Jungfrau Maria an. Ich fragte sie, ob sie wisse, dass
sie Juden gewesen waren, genau wie die Juden im Ghetto.

Sie saß und ich stand, deshalb konnte sie mir die Ohrfeige
nicht geben, die ich sonst bestimmt bekommen hätte.

»Wie die Juden im Ghetto? Damals, in den Tagen der Heiligen Schrift, im Heiligen Land? Was sind das für ketzerische
Reden, Marek? Und warum regst du mich so auf, nachdem
du mir erst einen Kuss gegeben hast? Mir tut schon der Kopf
weh.«

Sie fasste sich mit beiden Händen an den Kopf, aber sie
schaute mich neugierig an. Da erzählte ich ihr die Geschichte und meine Großmutter schluckte sie tatsächlich.
Ich war sehr stolz.

»Großmutter, nur für ein paar Tage. Spätestens Samstag holen wir ihn wieder ab, denn am Sonntag kommen wir mit Antoni, wie üblich«, sagte ich. »Und Antoni weiß nichts davon.«

»Warum ist deine Mutter nicht selbst gekommen, um mit mir zu sprechen?«

»Großmutter, du hörst mir nicht zu. Er war nicht Mamas Lehrer, er war mein Lehrer. Und Mama hilft mir nur bei der ganzen Geschichte.«

»Ich verstehe, ich verstehe. Trotzdem hätte sie dich begleiten können.«

»Mama hat Angst vor dir, weißt du das nicht?«

Meine Großmutter lachte, aber man sah ihr an, dass es ihr Spaß machte. Und dann fragte sie mich, was passieren würde, wenn Antoni alles herausbekäme.

»Er wird es nicht herausbekommen«, sagte ich. »Und wenn, dann wäre es sehr schlimm.«

Sie wollte wissen, wie er aussah, dieser Jude.

»Großmutter, das ist nicht so ein Jude, wie du denkst. Er ist anders, wie wir. Und er hat Medizin studiert vor dem Krieg.«

»Und wenn ich jemanden vom Widerstand aufnehmen muss, solange er noch da ist?«

»Großmutter, man sieht ihm nicht an, dass er Jude ist. Wenn dich jemand fragt, sagst du einfach, er wäre ein Verwandter, der sich eine Woche in Warschau verstecken muss und dann wieder geht … Dir fällt schon was ein. Vielleicht überlegt er sich selbst was.«

»Wenn Antoni das erfährt, wirft er euch aus dem Haus.«

»Ja«, sagte ich, »aber das interessiert dich bestimmt nicht.«

»Nein«, sagte sie. »Nein, das interessiert mich nicht.«

Sie überlegte. Ich wartete ungeduldig. Zu allem Überfluss kam auch noch ein Kunde, ein wirklicher Kunde, der noch dazu anfing, um den Preis für die deutschen Zigaretten zu handeln. Dann kam noch einer, und sie gab ihm Streichhölzer und flüsterte ihm was ins Ohr. Ich wartete nicht, bis der nächste kam, ich fragte: »Großmutter, bist du einverstanden?«

»Sag deiner Mutter, sie soll selbst kommen.«

Ich machte mir Sorgen. Wenn meine Mutter mit ihr redete, würde es einen großen Krach geben und die Sache könnte schiefgehen. Meine Großmutter sah, dass ich Bedenken hatte, und sagte, das sei nicht nötig.

»Alles wird gut gehen, Marek, aber sie muss mich selbst darum bitten. Und hör auf, mir zu sagen, das sei deine Angelegenheit.«

Ich hatte Angst, dass meine Mutter sich weigern könnte.

Ich wusste nur zu gut, wie es war, wenn die beiden zusammentrafen. Feuer und Zunder. Und wenn sie nichts hatten, um das sie sich streiten konnten, erfanden sie etwas. Wenn wir meine Großeltern besuchten, dauerte es nicht lange und meine Mutter platzte. Sie war dann vollkommen anders als die Frau, die ich kannte, und es passierte ihr nur dort, nur mit meiner Großmutter. Wenn der Besuch nicht lange dauerte, hatten die beiden normalerweise noch Streit, wenn wir gingen. Bei längeren Besuchen gelang es ihnen, sich wieder zu versöhnen. Dann umarmten und küssten sie sich. Bis zum nächsten Besuch. Bevor wir von zu Hause weggingen, versprach uns meine Mutter regelmäßig, dass sie diesmal nicht mit ihrer Mutter streiten würde. Sie würde einfach freundlich antworten und sich auf keine Diskussionen einlassen, die dann schnell zu Streitereien und persönlichen Beleidigungen ausarteten.

Antoni und ich zogen es vor, wenn sie gleich anfingen zu streiten, damit ihnen genug Zeit blieb, sich wieder zu versöhnen. Denn wenn sie erst gegen Ende des Besuchs mit dem Streit anfingen, das heißt beim sonntäglichen Mittagessen, mussten wir oft auf das Mittagessen am folgenden Sonntag verzichten.

In den Augen meiner Großmutter war meine Mutter eine Rote und sie wiederum hielt meine Großmutter für eine nationale Faschistin. Ich glaube allerdings, dass sie immer noch böse aufeinander waren wegen meines Vaters. Meine Großmutter deshalb, weil meine Mutter mit ihm in Sünde gelebt hatte, und meine Mutter nahm es ihr noch immer übel, dass sie sie verstoßen hatte. So etwas dürfe zwischen Mutter und Tochter nie passieren, sagte sie immer, wenn sie über früher sprach.

Außerdem stritten sie sich auch wegen der Religion. Meine Großmutter hielt meine Mutter für eine Ketzerin, obwohl sie jeden Sonntag in die Kirche ging. Meine Mutter wiederum war der Meinung, meine Großmutter sei fanatisch und würde jeden Blödsinn glauben. Sie warf ihr auch vor, dass sie Großvater vernachlässigte und ihn den ganzen Tag allein ließ. Sie müsste aufhören, von morgens bis abends auf dem Theaterplatz zu sitzen. Meine Mutter und sogar Onkel Wladyslaw hatten angeboten, meiner Großmutter jeden Monat Geld zu geben, damit sie aufhörte, Zigaretten zu verkaufen, und bei Großvater zu Hause blieb. Großmutter weigerte sich, diese »Almosen« anzunehmen. Aber wir

113

alle wussten, dass sie einfach gerne auf der Straße war und wissen wollte, was passierte, vor allem natürlich auch deshalb, weil sie für den Untergrund arbeitete. Es wäre der Tod für sie gewesen, wenn sie den ganzen Tag mit dem kranken Großvater zu Hause geblieben wäre. Daraufhin hatte meine Mutter vorgeschlagen, sie sollte jemanden suchen, der mit ihm zu Hause blieb, gegen Bezahlung. Aber auch das lehnte meine Großmutter ab. Wieder glaube ich nicht, dass sie zu geizig war. Ich glaube, ihre Ablehnung hatte den gleichen Grund, warum sie sich weder Gas noch Strom anschaffen wollte. Wegen der Widerstandsbewegung. Tatsächlich versteckte sich öfter mal jemand bei ihnen. Natürlich kein Jude. Einmal versteckten sie sogar einen englischen Piloten. Außerdem hatte meine Mutter nicht Recht, wenn sie abfällig über Großmutters Verdienst redete, denn sie verdiente wirklich ganz schön. Erstens legte sie die Leute gern rein und zweitens war sie eine begabte Geschäftsfrau. Sie habe einen jüdischen Kopf, hatte Antoni einmal zu ihr gesagt, und meine Großmutter sprach einen ganzen Monat nicht mit ihm, bis er sich entschuldigte.

Meine Großmutter vertrat übrigens den Standpunkt, dass meine Mutter meinen Großvater auch selbst versorgen könnte. Es würde nichts passieren, wenn sie die Näherei verließe und auf den geringen Lohn verzichtete, den der verdammte Volksdeutsche ihr zahlte.

Meine Mutter war einverstanden, mit Großmutter zu reden. Sie sagte lediglich: »Immer muss sie das letzte Wort haben!«

Natürlich fingen sie sofort an zu streiten. Über was? Wie meine Mutter sich anzog! Warum sie in Lumpen herumliefe! Sie sei doch eine Dame! Sie habe zwar einen Skorupa geheiratet, aber von Geburt sei sie eine Reymont.

»Und du?«, sagte meine Mutter. »Wie ziehst du dich an?«

Ich sah, wie sie den Mund aufmachte und noch etwas sagen wollte, es dann aber nicht tat. Ich war sicher, dass es um Großmutters Methoden ging, meinem Großvater das Gebiss abzunehmen. Doch das durfte sie nicht sagen, sie hatte es nämlich von mir erfahren, und meine Großmutter hätte mir nie verziehen, wenn sie gewusst hätte, dass ich es weitererzählte.

Meine Großmutter behauptete, sie ziehe sich wegen ihrer Arbeit wie eine Bäuerin an, und auch als Tarnung, wegen ihrer Aktivitäten für den Untergrund. In Wahrheit war sie einfach wieder dazu übergegangen, sich zu kleiden wie in ihrer Jugend im Dorf. Seit mein Großvater krank war, hatte sie wenigstens ein Vergnügen: Sie musste sich nicht mehr verstellen und Dame spielen, die Gräfin des geachteten Druckers. Sie brauchte sich nicht mehr einzuschnüren, wie sie es nannte, mit Korsetts und lächerlichen Kleidungsstücken.

Sie stritten sich zwar, aber am Schluss küssten sie sich und alles ging gut.

Noch am selben Tag brachten wir beide, meine Mutter und ich, Herrn Jozek zu meinen Großeltern.

Es regnete und die Sache war kein Spaziergang. Trotzdem gingen wir zu Fuß, weil Herr Jozek darum gebeten hatte. Meine Mutter hatte sich bei ihm eingehängt und er trug den Schirm. Ich ging hinter ihnen und hielt mir meine Tasche über den Kopf. Sie war älter als er. Man hätte leicht annehmen können, er sei ihr ältester Sohn und ich der jüngere, der hinterhertrödle.

Alles in allem war Herr Jozek zehn Tage bei meinen Großeltern. Das waren ganz besondere Tage, auch für meinen Großvater und meine Großmutter. Mein Großvater veränderte sich zusehends. Nicht, dass er plötzlich gesund geworden wäre, nein, so weit ging es nicht. Aber wir waren alle daran gewöhnt, dass sich sein Zustand ständig verschlechterte. Zwar langsam, aber eben immer bergab. Wenn er eine Woche lang gleich blieb, war das schon etwas Besonderes. Und er blieb nicht gleich. Sein Zustand wurde besser. Herr Jozek sorgte für ihn und war den ganzen Tag bei ihm. Vermutlich ekelte er sich deswegen nicht vor allen möglichen Dingen, weil er Medizin studiert hatte. Vielleicht auch wegen seiner Mutter. Daher wusste er vielleicht, wie man mit alten Leuten umging.

Plötzlich war mein Großvater immer gewaschen und rasiert. Es sah sogar aus, als wäre er dicker geworden. Ich glaube nicht, dass er in dieser einen Woche wirklich zugenommen hatte, er sah einfach gesünder aus, weil er sauber war und nicht mehr so vernachlässigt. Vielleicht auch deshalb, weil er nicht mehr so einsam war. Herr Jozek fütterte ihn zu bestimmten Zeiten, wie es sich gehörte. Und mein Großvater gab ihm sein Gebiss ohne jede Diskussion zurück, wie ein braver Junge. Und jedes Mal, wenn er aufwachte und zu sich kam, spielte Herr Jozek Schach mit ihm.

Es war das seltsamste Schachspiel, das man sich vorstellen kann. Es zog sich über eine ganze Woche hin. Jedes Mal, wenn mein Großvater zu sich kam, fuhren sie genau an der Stelle fort, an der sie aufgehört hatten. Das Spiel selbst war nicht seltsam, denn es ist ja nur normal, dass man da weitermacht, wo man aufgehört hat. Was ich sagen möchte, ist, dass mein Großvater nicht wusste, dass dazwischen Stunden oder halbe Tage lagen. Er war sicher, dass sie das Spiel ohne Pause spielten.

Ich stelle es mir seltsam vor, längere Zeiträume einfach zu vergessen. Mein Großvater konnte manchmal einen ganzen Tag oder mehr vergessen. Ich habe einmal einen befreundeten Arzt gefragt, ob das wie Schlafen sei. Denn wenn man schläft und plötzlich aufwacht, weiß man manchmal nicht, ob es Abend oder Morgen ist, oder man weiß auch nicht, wo man sich befindet. Mir kann es zum Beispiel passieren, dass ich plötzlich aufwache, mich in meinem Zimmer umschaue und es nicht erkenne. Ich betrachte die Tür und glaube, sie befände sich nicht an ihrem normalen Platz. Als wäre das Zimmer seitenverkehrt oder so etwas Ähnliches, und deswegen sähe alles so fremd aus. Hat sich mein Großvater so gefühlt?

Wir erzählten ihm die »wahre« Geschichte, dass Herr Jozek mein Lehrer gewesen sei, der wegen des Krieges einige Tage untertauchen müsse. Wir sagten es ihm sofort, als er zum ersten Mal zu sich kam, nachdem wir Herrn Jozek hingebracht hatten. Aber die meiste Zeit fragte mein Großvater sowieso nichts. Er hielt Herrn Jozek für seinen jüngeren Bruder, der vor dreißig Jahren gestorben war, und er nannte ihn Witek. Die ganze Zeit fragte er, wie es ihm gehe, denn er hatte seinen jüngeren Bruder sehr gern gehabt.

Als ich in Herrn Jozeks Beisein einmal etwas über die »verlorene Zeit« sagte, meinte er, der Tod sei eigentlich die absolut verlorene Zeit. Dann schaute er mich einen Moment an und fragte, ob ich eigentlich an Wiedergeburt glaube. Ich verstand nicht, worüber er sprach, und aus irgendeinem Grund kamen wir nicht darauf zurück.

Einmal war ich dabei, wie er mit meiner Großmutter über das Judentum sprach. Über das Judentum in Warschau vor dem Krieg.

In der Zeit, als Herr Jozek dort war, habe ich meine Großeltern vielleicht zwei- oder dreimal besucht. Einmal kam ich, als Herr Jozek meinem Großvater auf der Landkarte zeigte, wie die Deutschen den Krieg verloren. Mein Großvater war, wenn er bei sich war, vollkommen in Ordnung. Es tat mir immer weh, wenn ich es sah.

Auch meine Großmutter bemerkte die Veränderung in seinem Befinden. Sie gab es nicht zu, aber sie verstand, dass meine Mutter und Onkel Wladyslaw Recht hatten, wenn sie sagten, dass sie aufhören müsse zu arbeiten. Sie war ja nicht dumm. Hier war die Theorie durch die Praxis bewiesen worden. Danach, als wir Herrn Jozek zu Onkel Wladyslaw gebracht hatten, kam meine Großmutter zum Mittagessen nach Hause und sie ging auch nachmittags nicht mehr zum Theaterplatz.

Meine Großmutter verliebte sich in Herrn Jozek. Abends saßen sie zusammen, bis spät in die Nacht. Sie machte Zigaretten, und er versuchte, ihr zu helfen, aber meine Großmutter sah sofort, mit wem sie es zu tun hatte. Und später saß er nur noch dabei, während sie arbeitete, und erzählte ihr Geschichten.

Herr Jozek war nicht nur Linkshänder, er hatte auch zwei linke Hände. Er machte verzweifelte Anstrengungen, ihr beim Zigarettenfüllen zu helfen. Ich dachte, nach ein paar

Tagen würde er es lernen. Aber als ich am Ende der Woche wieder dort war, hatte sich nichts geändert. Entweder fiel der Tabak heraus oder das Zigarettenpapier riss. Oder die Zigarette war halb leer und sah lächerlich aus. Oder die Hülse ließ sich überhaupt nicht schließen. Oder der Stab, mit dem man den Tabak hineinschob, klemmte etwas, was eigentlich überhaupt nicht vorkommen konnte, aber bei ihm war alles möglich.

Er brachte uns auch zum Lachen, wenn er rauchte. Erstens gelang es ihm nie, die Zigarette mit dem ersten Streichholz anzuzünden. Entweder zerbrach das Streichholz oder die Zigarette brannte mit einer Stichflamme an. Und wie er die Zigarette hielt, wenn er rauchte, und wie er die Asche abstrich! Die Bewegung war so lächerlich, dass wir, meine Großmutter und ich, uns nicht anzuschauen wagten. Wenn sich unsere Blicke trafen, brachen wir in Gelächter aus. Und das passierte ziemlich oft. Herr Jozek ärgerte sich nicht darüber. Es machte ihm nichts aus, dass wir über ihn lachten. Im Gegenteil, er lachte mit. Er war wirklich nicht beleidigt. Und am Ende seines Aufenthalts bei ihnen lachte ihn meine Großmutter ganz offen aus, mit einem zärtlichen Lachen voller Zuneigung.

Onkel Wladyslaw konnte Herrn Jozek erst am Sonntag aufnehmen, das heißt, es dauerte doch fast zwei Wochen. Meine Großmutter hatte keine Einwände. An jenem Wochenende, dem zweiten, schlief ich von Samstag auf Sonntag bei meinen Großeltern, damit Antoni keine lästigen Fragen stellen konnte, wenn wir plötzlich früher als üblich zu meinen Großeltern gingen. Meine Mutter sollte direkt von der Kirche aus hinkommen, wenn Antoni nach Hause gegangen war. Sie würde ihm sagen, dass sie Wanda besuchen wollte, ihre Freundin, dann klang alles ganz logisch.

Abends saßen wir am Tisch, und ich hörte, wie Herr Jozek und meine Großmutter über die Juden sprachen.

Wir hatten gegessen und ich deckte den Tisch ab. Dann setzte ich mich mit meinen Großeltern hin und wir machten Zigaretten. Ich war ein richtiger Fachmann. Meine Großmutter lud Herrn Jozek ein, sich zu uns zu setzen. Nachdem er uns erzählt hatte, wie es Großvater an dem Tag gegangen war, fragte sie ihn über sein Medizinstudium aus.

»Nicht jeder Jude ist zum Studium zugelassen worden«, erzählte er. »Nur zehn Prozent der Studenten durften Juden sein und in Wirklichkeit ließen sie noch weniger zu. Weil es so schwer war, angenommen zu werden, gingen natürlich nur die Begabtesten zur Universität. Und dann wurden sie gehasst und beneidet, weil sie so gut waren.«

Herr Jozek erzählte uns, wie rechtsradikale Studenten Rasiermesser an der Spitze von Stöcken befestigt hatten und losgezogen waren, um jüdische Studenten zu verprügeln.

Meine Großmutter sagte kein Wort. Herr Jozek jedenfalls hatte nicht darunter zu leiden gehabt, weil ihn keiner für einen Juden hielt.

»Sogar ich hätte keinen Verdacht geschöpft«, sagte meine Großmutter, die auf diesem Gebiet sehr bewandert war, »ein so junger und angenehmer Mann wie Sie.«

Wir warteten, bis es Herrn Jozek gelungen war, eine Zigarette anzuzünden, dann sagte meine Großmutter: »Wenn die Juden auf uns gehört hätten und nach Palästina gegangen wären, wären alle diese Dinge nicht passiert.«

Mit »uns« meinte sie die Antisemiten.

»So eine Bewegung gibt es unter den Juden«, sagte Herr Jozek, »den Zionismus. Aber meiner Meinung nach wird aus dieser Sache nichts. Die Juden werden weiterhin von Land zu Land ziehen, bis Religion und Nationalität keine Rolle mehr spielen und die Menschen etwas Besseres zu tun haben. Nein, die Juden sind nicht fähig, einen Staat zu gründen wie zum Beispiel Polen oder Holland oder Frankreich. Stellt euch doch nur eine jüdische Armee vor!«

Wir fingen an zu lachen.

»Aber es hat jüdische Soldaten in der Armee gegeben, sogar jemanden wie Berek Joselewicz«, sagte ich.

Herr Jozek war erstaunt, dass ich diesen Namen kannte. Meine Mutter hatte mir ein Buch vorgelesen, nicht lange nachdem sie mir die Wahrheit über meinen Vater erzählt hatte. Vielleicht wollte sie den Schock etwas abschwächen und mir zeigen, dass die Juden in Polen nicht nur als Schriftsteller, Ärzte und Rechtsanwälte etwas für die Gesellschaft getan hatten, sondern sogar in der Armee.

Aber meine Großmutter beharrte auf ihrer Meinung: »Und ich sage Ihnen, das ist die Strafe dafür, dass sie Jesus gekreuzigt haben.«

»Nicht die Juden haben ihn gekreuzigt, sondern die Römer«, sagte Herr Jozek.

»Wirklich?«, fragte ich.

»Na ja«, sagte Herr Jozek, »bei der herrschenden Gesellschaftsschicht der Juden galt er damals als Aufrührer, so ähnlich wie ein Kommunist heute. Und vermutlich waren sie dafür, ihn zum Tod zu verurteilen. Kreuzigen war damals eine übliche Art der Todesstrafe, wie heute das Hängen.«

Meine Großmutter zog die Schultern hoch.

»Warum werden sie dann überall verfolgt?«, fragte sie.

»Das ist immer und in jedem Land das Schicksal der Minderheiten«, sagte Herr Jozek. »Immer, wenn die Zeiten schlecht sind, bei Arbeitslosigkeit, Wohnungsnot oder sogar einer Epidemie, wird die Minderheit zum Sündenbock.«

Er sprach geduldig, wie ein Lehrer oder wie unser Priester.

Etwas, was er vorher gesagt hatte, ließ mich nicht in Ruhe. Ich fragte ihn: »Was soll das heißen, dass Nationalität und Religion die Menschen nicht mehr beschäftigen, Herr Jozek?«

Meine Großmutter mischte sich ein und sagte: »Das ist es, was die Kommunisten sagen.«

»Nicht ganz«, sagte er.

»Aber sie sagen: Proletarier aller Länder, vereinigt euch, oder etwa nicht?«, sagte meine Großmutter dickköpfig.

»Stimmt.«

»Sind Sie ein Kommunist?«, fragte sie.

»Nein.«

»Sie glauben also an Gott?«

Er dachte kurz nach, dann sagte er, ja, er glaube an Gott. Ich atmete erleichtert auf. Schließlich war der Gott der Juden auch unser Gott. Aber er sprach weiter und machte alles noch komplizierter.

»Ich glaube nicht an den Gott der Kirche oder der Synagoge, sondern an einen abstrakten Gott.«

Er schaute mich an, ob ich verstand, was er meinte. Ich verstand es nicht, stellte aber keine Frage.

»An einen philosophischen Gott«, sagte er, wie um sich zu verteidigen, »von dem wir ein Teil sind.«

Das verstand ich ebenfalls nicht, und ich glaube auch nicht, dass meine Großmutter es verstand, obwohl sie nickte. Aber sie fragte: »Kann ein solcher Gott hören, wenn wir zu ihm beten?«

Wieder dachte er kurz nach, dann sagte er: »Nein, ich glaube nicht. Aber das kann man nicht wissen. Ich glaube nur nicht, dass Gott sich mit jeder Kleinigkeit beschäftigt. Jedenfalls nicht dieser Gott, an den ich glaube. Trotzdem, wer weiß …«

Später sprachen wir über Onkel Wladyslaw, zu dem wir ihn ja am nächsten Morgen bringen wollten, und meine Großmutter sagte etwas von den Häusern, die uns die Deutschen zurückgegeben hätten, nachdem sie die Juden aus dem kleinen Ghetto deportiert hätten.

Herr Jozek sagte: »Es stimmt nicht, dass sie sie ›zurückgegeben‹ haben, denn ein großer Teil dieser Häuser hat immer Juden gehört, Frau Reymont.«

»Ja«, sagte sie, »nur, wem haben die Juden das Geld abgenommen, damit sie diese Häuser kaufen konnten?«

Sie meinte damit das, was die Antisemiten sagten, dass uns die Juden das Blut aussaugten.

»Wenn König Kasimir der Große nicht die Juden nach Polen gebracht hätte«, sagte Herr Jozek, »wäre das Land wirtschaftlich und industriell nie so entwickelt, wie es jetzt ist.«

Meine Großmutter sagte: »Er hat sie hierhergebracht, weil es unter der Würde der Christen war, sich mit Handel zu beschäftigen.«

Es war seltsam, dass sie dabei überhaupt nicht an sich selbst zu denken schien, schließlich trieb sie ja auch Handel.

Herr Jozek konnte sich nicht zurückhalten, er sagte: »Er brachte sie hierher, damit sie Handel trieben, weil die Polen nicht lesen und schreiben konnten, Frau Reymont. Aber seit damals hat sich alles geändert. Marek hat mir erzählt, dass Sie selbst auf diesem Gebiet recht erfolgreich sind.«

»Jedenfalls waren die Juden immer bereit, alles zu verkaufen«, sagte meine Großmutter. »Und sie haben für weniger Geld gearbeitet und uns unser Einkommen geraubt.«

»Ohne die Juden, die die Wirtschaft hier in Gang gebracht haben, Frau Reymont, hätte es überhaupt kein Einkommen gegeben, genauso wenig wie in den unterentwickelten Ländern, wie Sie vielleicht wissen.«

Dann sagte sie, sie wolle schlafen gehen. Und ich dachte, wie gut es sei, dass wir ihn schon morgen wegbringen wollten. Aber vielleicht war das auch der Grund, dass er sich erlaubte, so mit ihr zu sprechen und jedes Mal »Frau Reymont« zu sagen. Trotzdem war ich der Meinung, dass das von seiner Seite aus unvorsichtig war, denn was sollten wir tun, wenn er vorübergehend hierher zurückmüsste und meine Großmutter wegen dieser Diskussion nicht bereit wäre, ihn aufzunehmen?

Herr Jozek schlief im Kämmerchen auf einer Matratze, am Fußende von Großvaters Bett. Wenn ich bei ihnen übernachtete, schlief ich mit Großmutter im Doppelbett. An jenem Abend lag ich da und dachte über das nach, was Herr Jozek über das Beten gesagt hatte. Ich erinnere mich, dass ich Mitleid mit ihm hatte. Und wenn mein Vater so gedacht hatte wie er, hatte ich nachträglich auch Mitleid mit ihm. Denn wenn Gott keine Gebete hört, ist man so allein.

Ich war überzeugt, dass ich nie im Leben aufhören würde,

zu beten und zu glauben, und dass ich immer in die Kirche gehen würde. Die Arbeiter sollen sich vereinigen, soviel sie wollen, dachte ich, ich werde immer Pole bleiben und ich werde immer unsere Fahne ehren. Keine andere. Und auf gar keinen Fall die rote.

Bei dem Wort Fahne musste ich immer an Onkel Romek denken, weil er die Fahne während des selbstmörderischen Angriffs unserer Kavallerie gegen die deutschen Panzer getragen hatte. Als ich Herrn Jozek diese Geschichte erzählt hatte, hatte er gesagt, seiner Meinung nach sei es eine Sünde, sein Leben für die Ehre zu opfern.

Beim Frühstück waren meine Großmutter und Herr Jozek entgegen meiner Befürchtung wie zwei Turteltauben. Herr Jozek machte ihr ein Kompliment und sagte, sie sei zwar keine gebildete Frau, aber was sie im Kopf habe, sei so viel wert wie das, was man auf allen Universitäten zusammen lernen könnte, nämlich viel Lebensweisheit, ein Gefühl für Menschen und viel gesunder Menschenverstand.

»Und Sie sind eine schöne Frau«, fügte er noch hinzu.

Meine Großmutter war stolz.

Ich erinnerte mich daran, was sie am Tag zuvor alles zu ihm gesagt hatte, und wunderte mich. Sie machten sich wirklich gegenseitig Komplimente.

Nie hatte ich an meine Großmutter als schöne Frau gedacht. In meinen Augen war meine Mutter schön. Meine Großmutter war einfach eine alte Frau, eine Großmutter. Aber wenn ich heute nachrechne, so war meine Großmutter damals vielleicht fünfzig oder höchstens fünfundfünfzig, nicht älter. Sie hatte zwar keine Geburtsurkunde, aber damals bekamen die Frauen ihr erstes Kind schon früh, noch bevor sie zwanzig Jahre alt waren. Meine Großmutter zog sich lediglich immer an wie eine alte Frau aus dem Dorf.

Was bedeutet es heute, wenn eine Frau fünfzig oder fünfundfünfzig ist? Viele Frauen dieses Alters finde ich heute schön, auch meine Frau. Herr Jozek war damals zwar jünger, als ich jetzt bin, ungefähr fünfundzwanzig. Aber vielleicht fand er meine Großmutter wirklich schön, obwohl ich damals dachte, dass er ihr nur schmeicheln wollte, sonst nichts.

Ich hatte angenommen, dass meine Großmutter nach dieser Bekanntschaft ihre Meinung über die Juden ändern würde. Das tat sie jedoch nicht. Aber sie putzte auch nicht die Wohnung mit Desinfektionsmitteln, nachdem wir Herrn Jozek weggebracht hatten.

9 Streit

Am Sonntagmorgen kam meine Mutter und wir machten uns zusammen mit Herrn Jozek auf den Weg. Viele Leute gingen am Ufer der Weichsel spazieren. Wie beim vorigen Mal hatte sich meine Mutter bei Herrn Jozek eingehängt, obwohl sie sich nicht unter einem Schirm zusammendrücken mussten, und ich nahm ihren anderen Arm. Das war eine gute Tarnung. Jeder musste sie für eine Mutter halten, die mit ihren Söhnen an einem Frühlingsmorgen spazieren geht. Alles wäre hervorragend gelaufen, wenn wir Antoni nicht begegnet wären.

Es war Frühling. Ich pflückte ein grünes Blatt und steckte es in meine Tasche. Wir Großen spielten zwar schon nicht mehr »Grün«, aber ich machte immer bei kleineren Kindern mit, wenn sie es wollten. Ich weiß nicht, ob Herr Jozek gesehen hatte, was ich tat, oder ob er sich einfach an die Frühlingstage erinnerte, als er selbst noch ein Kind war, jedenfalls fragte er meine Mutter plötzlich: »Grün?«

Natürlich verlor sie. Sie hatte nichts Grünes, denn mit der einen Hand hielt sie ihre Tasche, mit der anderen den Ärmel seines Mantels. Sie musste lachen. Sie fing an, mit ihm zu streiten, dass auch künstliches Grün gelte, denn ihre Tasche war grün. Aber er sagte, nur richtiges, gewachsenes Grün gelte, kein toter Gegenstand. Ich mischte mich nicht ein, obwohl bei uns jedes Grün galt, auch ein grün gefärbter Gegenstand.

Meine Mutter gab sich geschlagen.

»Und jetzt«, sagte Herr Jozek, »müssen Sie mir einen Schuh als Pfand geben. Und Sie bekommen ihn erst zurück, wenn wir uns ein bisschen auf die Bank setzen.«

Meine Mutter war einverstanden und zog einen Schuh aus.

Als wir Kinder waren, musste der Verlierer immer seltsame oder beschämende Dinge tun: ein Lied singen oder in die Luft springen oder irgendein Mädchen küssen. Wenn ich früher bei Wacek und Janek verloren hatte, schickten sie mich in den Laden gegenüber der Schule, um Bonbons zu klauen. Dort war es sehr schwer, denn die Besitzer passten mit Argusaugen auf die Kinder auf und ließen nicht mehr als drei auf einmal in den Laden.

Wir saßen auf der Bank und betrachteten die Boote auf der Weichsel, und Herr Jozek sprach über das Ende des Krieges, dann über das Ende aller Kriege.

»Eines Tages werden Feinde von einem anderen Stern kommen«, sagte er, »die Bewohner vom Mars zum Beispiel. Dann werden sich plötzlich alle Menschen als Bewohner der Erde fühlen und die Welt wird zur gemeinsamen Heimat aller Menschen werden.«

»Wir waren nach dem Ersten Weltkrieg schon so sicher, dass er der letzte gewesen ist«, sagte meine Mutter. »Wer hätte geglaubt, dass …«

Er nannte meine Mutter »Frau Aniela« und nicht »Frau Skorupa«.

»Meinen Sie im Ernst, dass wir nur durch Geschöpfe vom Mars vereinigt werden können, meinen Sie das wirklich?«, fragte sie.

»Nein«, sagte Herr Jozek, »die Kriege werden schon vorher aufhören. Und dann werden die Leute im Geschichtsunterricht über unsere Zeit reden, als handle es sich um eine seltsame und schwer zu verstehende Epoche. Mit all diesem sinnlosen Töten und Leiden.«

»Gott stehe uns bei«, sagte meine Mutter und seufzte.

Und plötzlich sagte er uns ein Gedicht auf, das er auswendig wusste, ein Gedicht über Frühling und Frieden. Ich sah, dass meiner Mutter Tränen in die Augen stiegen. Vielleicht erinnert sie sich jetzt an meinen Vater, dachte ich, denn Antoni kannte keine Gedichte auswendig.

Heute glaube ich, dass ein großer Teil von Antonis Hass auf Kommunisten und Juden und auch auf alles, was mit Büchern zu tun hatte, von seiner Eifersucht auf meinen Vater herrührte. Dieser war zwar tot, aber Antoni fühlte wahrscheinlich, dass er im Herzen meiner Mutter noch lebte. Und er liebte sie wirklich sehr. Mit meiner Weigerung, mich von ihm adoptieren zu lassen, goss ich nur noch Öl ins Feuer.

Wir standen auf und gingen weiter. Wieder hängte sich meine Mutter bei Herrn Jozek ein und ich ging auf ihrer anderen Seite.

So trafen wir Antoni. Was er dort tat und warum er nicht nach Hause gegangen war, wie wir angenommen hatten, weiß ich nicht. Er sah uns und blieb buchstäblich wie angenagelt stehen. Ich sah, wie er blass wurde und sein Mordgesicht bekam und wie er langsam die Fäuste ballte. Auch meine Mutter erschrak gewaltig. Herr Jozek verstand nicht, was geschah. Ich erklärte es ihm flüsternd.

Meine Mutter ließ ihn los, rannte zu Antoni und sagte ihm etwas ins Ohr.

Antoni musterte Herrn Jozek und sagte nichts.

Meine Mutter nahm seinen Arm, er schob sie weg. Sie hängte sich trotzdem bei ihm ein, und so gingen wir zur Zelaznastraße, um Herrn Jozek hinzubringen.

Nur ich und Herr Jozek gingen durch das Tor, überquerten den Hof und stiegen die Holztreppe zur Wohnung meines Onkels hinauf. Der Portier und seine Frau sahen uns, doch sie sagten nichts. Sie waren Partner meines Onkels, nicht nur bei dem Geschäft mit den Juden, sondern auch bei anderen Geschäften, zum Beispiel beim Handel mit Devisen.

Ich brachte Herrn Jozek in die Küche, und meine Tante Irina führte ihn sofort in die kleine Kammer, die für ihn bestimmt war, und schickte mich nach Hause.

Aber ich hatte Angst heimzugehen. Ich ging zum Theaterplatz, doch meine Großmutter war nicht dort. Ich erschrak und rannte zu ihnen, zur Brückenstraße. Ich hatte mir umsonst Sorgen gemacht. Es stellte sich heraus, dass meine Großmutter meinem Großvater zuliebe einfach einen neuen Tagesablauf beschlossen hatte – sie wollte in Zukunft mittags heimkommen. Das war Herrn Jozeks Verdienst.

Meine Großmutter machte mir Tee, und wir setzten uns hin und redeten miteinander. Natürlich über Antoni. Ich erzählte, wie wir ihn getroffen hatten. Sie sagte nichts. Sie nickte nur ein paar Mal, als wüsste sie schon, was jetzt passierte.

»Was wird er tun, Großmutter?«

Sie wollte nicht raten.

»Und was wird mit Mama sein?«

Meine Großmutter wusste keine Antwort. Oder sie wusste sie und wollte sie nur nicht sagen.

Schließlich ging ich schweren Herzens nach Hause.

Zum ersten Mal, seit wir mit Antoni lebten, hatte ich
Angst, er könnte meine Mutter schlagen. Ich nehme an, dass
es das war, was meine Großmutter sagen wollte und nicht
sagte. Ich hatte mehr Angst um meine Mutter als um mich,
ich war schließlich an allem schuld.

Wenn er meine Mutter schlägt, dachte ich, bringe ich ihn
einfach um. Ich nehme ein Messer und ersteche ihn nachts.
Dann überlegte ich, wie ich ihn umbringen könnte, ohne
dass man seine Leiche fände. Ich machte alle möglichen
Pläne und die meisten waren natürlich dumm. Aber ich
konnte den Gedanken nicht ertragen, dass Antoni meine
Mutter schlug. Ich glaube, wenn es wirklich passiert wäre,
hätte ich ihn tatsächlich umbringen können.

Ich hörte das Geschrei schon im Treppenhaus und dabei
waren sie mindestens zwei Stunden vor mir nach Hause
gekommen.

»Bei allen Frauen arbeitet der Kopf gleich!«, schrie er.

Und meine Mutter schrie: »Die Eifersucht frisst dich auf,
das ist alles!«

Er schrie: »Kapiere doch endlich, dass es noch andere
Dinge auf der Welt gibt als das!«

»Von was redest du?«

»Ich rede von Treue, verehrte Dame, von dem, was man
Treue nennt!«

Da war ich auch schon oben, und als ich das Ohr an die
Tür legte, hörte ich, wie meine Mutter leise sagte: »Ich
kenne dich nicht erst seit gestern, und Marek musste das
gutmachen, was er getan hat.«

Sie hatte es ihm erzählt!

Sie bemerkten mich gar nicht, als ich hineinging.

Antoni hatte meine Mutter am Arm gepackt und schüttelte sie. Ich wusste nicht, ob das Schlagen bedeutete oder nicht. Ich wusste nicht, ob das reichte, damit ich ihn umbrachte, oder ob er tatsächlich die Hand gegen sie erheben musste. Ich wusste nicht, ob er sie vorher geschlagen hatte, ihrem Gesicht war nichts anzusehen.

Alle Fenster waren verschlossen, damit die Nachbarn das Geschrei nicht hören konnten, aber vermutlich half das nicht viel. Antoni war weiß wie die Wand und meine Mutter war knallrot und hatte zerraufte Haare.

»Lass sie sofort los!«, schrie ich.

Da sahen sie mich.

»Misch dich nicht ein«, sagte meine Mutter. »Das geht dich nichts an.«

Sie beschützte ihn auch noch!

Noch nie hatte ich meine Mutter in einem solchen Zustand gesehen. Antoni ließ sie los, packte mich und gab mir eine solche Ohrfeige, dass ich Sternchen vor den Augen sah. Meine Mutter fing an zu schreien: »Treue! Du redest von Treue und schlägst ihn?«

»Er ist schon ein Mann«, sagte Antoni, »und jetzt erziehe ich ihn, nicht du.« Dann wandte er sich an mich: »Du wirst nicht die ganze Familie in Gefahr bringen, verstanden? Und wenn du noch mal was mit irgendeinem Juden zu tun hast, dann werde ich dir zeigen …«

»Du bist nicht mein Vater«, sagte ich.

Antoni warf mir einen stechenden Blick zu und sagte: »Du kannst froh sein, dass dein Vater nicht hier ist …«

Dann ging er aus dem Zimmer.

Jesus, Maria, sie hatte ihm alles erzählt. Ich schaute meine

Mutter an. Meine Mutter gab es gleich zu. »Ich habe ihm gesagt, dass du über deinen Vater Bescheid weißt, Marek. Ich habe es ihm sagen müssen, sonst …«

Was wäre sonst passiert? Das sagte sie mir nie, obwohl wir im Laufe der nächsten Jahre immer wieder davon sprachen und ich sie danach fragte. Das machte mich verrückt. Seine Ohrfeige und der Vertrauensbruch meiner Mutter.

»Ich verlasse das Haus.«

»Wo gehst du hin?«

»Ich werde bei Großvater und Großmutter wohnen. Und dass er es nicht wagt, ihre Schwelle zu betreten, bevor er sich nicht entschuldigt.«

Ich ging in mein Zimmer und packte ein paar Sachen in meine alte Schultasche. Meine Mutter kam mir nach und fing an, mir gut zuzureden. Erst erklärte sie mir, dass Antoni sehr wütend war, und zwar zu Recht. Wir hätten es ihm erzählen müssen.

»Er wäre nicht einverstanden gewesen, dass wir ihm helfen«, sagte ich. »Er hätte gesagt, das ist zu gefährlich.«

Meine Mutter widersprach nicht. Sie wusste, dass ich Recht hatte.

»Geh nicht weg, Marek, mach keine Dummheiten. Du weißt, dass Antoni sich nicht entschuldigt. Auf keinen Fall so schnell.«

»Es ist nicht nur wegen der Ohrfeige«, sagte ich.

»Ich weiß, aber ich hatte keine Wahl.«

Jetzt, wo er es wusste, wo wir es beide wussten, konnte ich seine Anwesenheit nicht mehr ertragen. Ich ging und warf die Tür hinter mir zu.

Am liebsten hätte ich geweint.

10 Der Aufstand

Es war an einem Montag, eine Woche vor Ostern. Ich erinnere mich genau an den Tag, nicht nur, weil ich am Sonntag zu meinen Großeltern gezogen war, sondern wegen dem, was an diesem Morgen im Ghetto geschah.

Als meine Großmutter mich weckte, dachte ich, ich müsste aufstehen und zur Schule gehen. Aber sie sagte, ich hätte noch Zeit, ich könnte auch gleich noch mal ins Bett gehen. Sie wollte mich nur bitten, kurz hinauszugehen und zu hören, von wo die Schüsse kämen. Sie hörte auf einem Ohr schon nicht mehr so gut. Herr Jozek hatte ihr erklärt, daran liege es, dass sie nicht mehr genau bestimmen konnte, aus welcher Richtung irgendwelche Geräusche kamen. Es ist, als wäre man auf einem Auge blind, hatte er gesagt.

Ich machte die Tür auf und ging hinaus. Die Schüsse kamen aus dem Ghetto. Schon seit einiger Zeit hatten wir von dort keine Schüsse mehr gehört. Manchmal wurde zwar geschossen, aber nur vereinzelt. Diesmal hörte es sich ernster an.

Meine Großmutter beruhigte sich und ging zurück ins Bett. Ich blieb stehen und lauschte. Die Schüsse stammten von Maschinengewehren. Ich dachte an Herrn Jozek. Was für ein Glück, dass er nicht dort war.

Vielleicht gehört er wirklich zu den wenigen Juden, die diesen Krieg überleben, dachte ich.

Ich ging in mein Bett zurück. Mir fiel ein, was Antoni über meinen Vater gesagt hatte, und ich überlegte, was mit ihm passiert wäre, wenn er am Leben wäre. Ob es jemandem gelungen wäre, seine jüdische Herkunft aufzudecken. Ob jemand davon wusste und ihn verraten hätte.

Ich konnte nicht mehr einschlafen und stand auf. Ist auch egal, dachte ich, von hier aus muss ich ohnehin früher los, wenn ich rechtzeitig zur Schule kommen will.

Die Schüsse hatten zugenommen. Und dann hörte man auch Explosionen, vielleicht von Handgranaten. Ich verstand damals nicht viel von solchen Dingen. Plötzlich waren ganz deutlich die Sirenen von Krankenwagen zu hören, nicht nur von einem, sondern von vielen. Ich konnte mir nicht vorstellen, was passiert war, dass die Deutschen Krankenwagen ins Ghetto schickten, um verletzte Juden herauszuholen. Vielleicht war etwas anderes im Gange? Vielleicht hatten die Schüsse doch etwas mit Aktionen des polnischen Widerstands zu tun, und ich hatte mir nur eingebildet, sie kämen aus dem Ghetto?

Auf einmal hatte ich es so eilig, dass ich in den falschen Schuh schlüpfte.

»Was ist los mit dir, Marek?«, fragte meine Großmutter. »Warum beeilst du dich so?«

Ich brauchte es ihr nicht zu erklären, sie erriet es sofort und verbot mir ausdrücklich, mich dem Ghetto zu nähern. Fast wäre sie mitgegangen, um auf mich aufzupassen. Aber ich versprach ihr, ich würde mit der Straßenbahn fahren, und sie gab mir das Geld für die Fahrkarte. Es machte mir nichts aus, meine Großmutter zu beschummeln, solche Sachen tat sie auch immer.

135

Ich erinnere mich, dass ich durch die Fretastraße zur Swietojerskastraße ging, entlang der Ghettomauer. Ein Polizist schickte mich weg, in den Krasinskipark. Es war ein Polizist, den ich von einem der Sonntagabende kannte. Er blieb hart. Er sagte, es sei gefährlich. Vielleicht erlaubte er mir auch gerade deshalb nicht, näher hinzugehen, weil er mich kannte. Gut, aber auch vom Krasinskipark aus konnte man etwas sehen.

Dort standen ein paar deutsche Soldaten an einem Maschinengewehr und schossen ins Ghetto hinein, in die Walowastraße. Sie schossen auch in die Fenster der Häuser. Es standen noch andere Leute dort, und ich fragte einen von ihnen, was denn los sei. Die Wachtposten, die alle zwanzig, dreißig Meter entlang der Ghettomauer standen, konnte ich selbst sehen.

»Jetzt machen sie die Juden fertig«, sagte ein alter Mann. Und ein jüngerer fügte hinzu: »Endlich.«

Er lachte.

Bevor mich meine Mutter mit dem Geld erwischt hatte, bevor ich Herrn Jozek kennengelernt hatte, hätte ich mir deshalb vermutlich auch keine Sorgen gemacht.

Ein anderer fragte: »Was meint ihr, ob sie uns die Häuser zurückgeben?«

»Warum nicht«, meinte einer. »Die anderen Häuser haben sie uns im Herbst ja auch zurückgegeben.«

»Was heißt da ›zurückgegeben‹?«, fragte eine Frau. »Sie haben doch den Juden gehört.«

Ich fand sie mutig, denn sofort wurde sie von allen misstrauisch betrachtet, und einer sagte lachend: »Schaut an, eine Jüdin!«

Zu diesem Zeitpunkt wussten wir noch nicht, dass von all den Häusern hinter der Ghettomauer, die wir an diesem Tag betrachteten, keines übrig bleiben würde. Nur Trümmerhaufen.

Das, was dort im Ghetto passierte, war unglaublich, gegen alle Gesetze der Natur. Und trotzdem schien es wirklich so zu sein, dass dort ein richtiger Kampf stattfand. Von Zeit zu Zeit fuhren Lastautos mit Truppen ins Ghetto und Krankenwagen vom Deutschen Roten Kreuz rasten mit heulenden Sirenen hinein und heraus. Und wer verursachte das alles? Die Juden.

Jesus Maria, ich muss zu Herrn Jozek und es ihm erzählen, dachte ich.

Nichts hätte mich an jenem Morgen dazu gebracht, in eine Straßenbahn zu steigen. Ich ging zu Fuß. Die ganze Lesznostraße entlang standen Wachtposten mit Gewehren und Bajonetten, die auf die andere Seite der Mauer gerichtet waren. Die Explosionen, die Schüsse und das Heulen der Krankenwagen waren bis hierher zu hören.

Ein junges Mädchen fragte einen Polizisten, ob die Deutschen angefangen hätten, verwundete Juden mit Krankenwagen aus dem Ghetto zu holen. »Sind sie jetzt komplett verrückt geworden?«, fragte sie.

Der Polizist winkte sie zu sich. Ich ging auch näher hin.

»Sie holen die verwundeten und toten Deutschen heraus«, sagte er leise.

Er schaute uns einen Moment an, dann fragte er: »Ihr glaubt mir nicht, oder?«

Ich glaubte ihm. Aber das junge Mädchen meinte, er wolle sie auf den Arm nehmen.

»Du brauchst mir nicht zu glauben, aber diesmal kämpfen die Juden.«

Noch am gleichen Tag wurde von der »dritten Front« gesprochen.

»Grün.«

Das war das Letzte, was mich im Moment interessierte. Wenn es ein anderer gewesen wäre, hätte ich ihn vielleicht ignoriert oder ihm eine runtergehauen, aber es war der kleine Wlodek, der Sohn unserer Nachbarn. Ich tat, als müsste ich in meinen Taschen suchen, und gab dann zu, dass ich verloren hatte. Er war überglücklich, denn jedes Mal, wenn ich verlor, schuldete ich ihm ein Bonbon. Ich versprach, es nicht zu vergessen, und er rannte lachend weiter.

In der Schule erzählte ich, was ich gesehen hatte. Auch andere hatten es gesehen, und bis mittags wurde über nichts anderes gesprochen als über die Juden, die gegen die Deutschen kämpften, und über die Krankenwagen, die aus dem Ghetto kamen.

Schon lange hatte ich mich nicht mehr so auf die Arbeit bei Herrn Korek gefreut. Ich war begierig nach Neuigkeiten. Und wirklich, auch in der Wirtschaft wurde nur über den Aufstand der Juden gesprochen. Immer wieder kam jemand und wusste eine neue Geschichte, bis ich anfing zu glauben, dass die Leute aus lauter Sensationslust Wunder erfanden.

Vielleicht wurden sie auch nicht von Sensationslust getrieben, sondern von einem tiefen Bedürfnis zu glauben, dass das alles tatsächlich möglich war, dass es tatsächlich passierte. Denn wenn die Juden gegen die Deutschen ankamen, konnten wir es doch erst recht …

Die Leute erzählten, ein Panzer sei ins Ghetto gefahren. Einer, der sich auskannte, behauptete, es sei ein französischer Panzer gewesen, und außerdem noch zwei Panzerfahrzeuge. Ein anderer sprach sogar von drei Panzern. Man wusste es nicht genau. Ein Mann wollte gesehen haben, dass Kanonen hineingefahren wurden.

Über dem Ghetto kurvte ein Aufklärungsflugzeug, das sahen wir selbst. Jedes Mal, wenn es in einem Bogen über uns hinwegflog, rannte ich hinaus und schaute zum Himmel. Schließlich schimpfte Herr Korek, weil ich nicht damit fertig wurde, die Tische abzuräumen.

Aber sogar an jenem Tag waren viele Stimmen gegen die Juden zu hören. Einer sagte, dass sie die Waffen schon vor langer Zeit mit Flugzeugen aus Russland bekommen hätten, denn die Bolschewisten wollten im Ghetto ihr Hauptquartier einrichten, damit sie die Waffen nachher gegen uns richten könnten.

»Gegen uns?«, sagte ein Mann. »Sie haben doch Krieg mit Deutschland.«

Der andere fiel gleich über ihn her: »Da, seht ihr, noch ein Bolschewik.«

Die Leute um die beiden herum wussten nicht, ob sie lachen sollten. Wer wusste schon, wer der Mann war? Vielleicht ein Volksdeutscher oder ein Provokateur. Er war noch nie bei Herrn Korek gewesen. Deshalb ließ man ihn sprechen und sagte lieber nichts.

Der Mann ließ nicht nach. »Habt ihr gehört, was in der Nowowiejskastraße passiert ist? Man hat alle Leute erschossen, weil man in einem Haus Juden gefunden hat. Und in der Fretastraße? Genau dasselbe.«

Das stimmte nicht. »Das ist nicht wahr«, sagte ich. »Sie sind nur drei Tage eingesperrt worden. Die meisten sind wieder zurück.«

»Die meisten? Noch nicht mal die Hälfte. Und wisst ihr, warum man sie geschnappt hat? Weil die Drecksjuden selbst die Polen verraten, die sie verstecken. Wir bringen unser Leben und das unserer Frauen und Kinder in Gefahr, um diese Läuse zu retten, und das ist der Dank! Denkt dran, was ich euch sage, ich weiß Bescheid. Und ob ich Bescheid weiß! Ich kenne sie!«

Niemand sagte etwas, und Herr Korek schickte mich in die Küche, damit ich nicht noch einmal den Mund aufmachte.

Dann ging dieser Mann weg, vielleicht, um irgendwo anders sein Gift zu verspritzen, und dafür kamen andere, die wir kannten.

Das Gespräch ging weiter. Es gab immer mehr Neuigkeiten. Ein Mann erzählte, die Juden setzten die Panzer der Deutschen mit selbst gebastelten Bomben in Brand. Nicht nur die Panzer, auch deutsche Soldaten verbrannten. Ein anderer Neuankömmling bestätigte diese Geschichte. Er sagte, er habe mit eigenen Augen durch sein Fernrohr gesehen, dass deutsche Soldaten brennend und schreiend durch die Straßen liefen.

»Was meint ihr, was sie geschrien haben? Sicher ›Mama‹ oder ›mein Gott‹!«

Das kam mir seltsam vor. Denn ich hätte im Leben nicht gedacht, dass auch die Deutschen »Mama« schreien könnten. Ich war mir irgendwie sicher, sie würden »Heil Hitler« schreien oder etwas Ähnliches.

Herr Korek, als könnte er meine Gedanken lesen, sagte:

»Was mir am schwersten fällt, ist die Vorstellung, dass auch
sie beten. Das ist etwas, was ich nicht verstehen kann. Und
nicht ertragen. Wenigstens gut, dass sie es auf Deutsch
tun!«

Dann schaute er sich um, wer alles zugehört hatte. Aber
Herr Szczupak war nicht da.

Dann kamen zwei Männer und erzählten, dass die Juden
auf dem Muranowskiplatz zwei Fahnen gehisst hatten, eine
blau-weiße, das war vermutlich ihre eigene, und unsere polnische Fahne.

Ich fühlte, wie ich eine Gänsehaut bekam.

Lange schwiegen alle. Und dann sagte Herr Korek: »Die
erste polnische Fahne nach fast vier Jahren! Eines Tages werden wir diese Fahne wieder wehen sehen, wenn wir sie selbst
hochgezogen haben. Trotzdem, alle Achtung den Juden!«

Wieder sah er sich prüfend um, bevor er hinzufügte: »Die
Juden werden zwar alle umkommen, aber wenigstens eh-
renhaft. Zu Ehren der Juden, die die Fahnen auf dem Muranowskiplatz gehisst haben – eine Runde auf Kosten des
Hauses.«

Ich rannte und verteilte an alle Bimber. Und alle hoben
ihre Gläser und tranken. Ich habe nichts getrunken, natürlich, denn Herr Korek hatte meiner Mutter versprochen,
dass ich keinen Wodka anrühren würde. Aber auch ich hob
ein Glas.

Ich hatte meiner Großmutter versprechen müssen, dass
ich rechtzeitig vor der Sperrstunde zu Hause wäre, schon
damit sie sich keine Sorgen machen musste. Aber ich wollte
auch bei meinem Onkel vorbeigehen und Herrn Jozek von
dem Aufstand erzählen. Deshalb sagte ich zu Herrn Korek,

ich müsste heute eher nach Hause gehen. Er gab mir frei, obwohl mehr Leute als sonst in der Wirtschaft waren.

Mein Onkel machte mir die Tür auf und führte mich in die Küche. Immer brachte er mich in die Küche, wenn er mit mir allein sprechen wollte.

Er sagte, er sei bei uns zu Hause gewesen, und dann wollte er wissen, was zwischen meiner Mutter und Antoni passiert sei.

Ich war erstaunt, denn mein Onkel kam sonst nie zu uns. Vielleicht bemerkte er mein Erstaunen, er sagte: »Euer Jude will zurück ins Ghetto, wegen des Aufstands, und ist bereit, jeden Preis zu bezahlen, wenn ihn einer hinbringt. Ich dachte, dass Antoni …«

Er sagte den Satz nicht zu Ende. Er hätte nichts von Antonis Schmuggelgängen ins Ghetto wissen dürfen. Wieder meine Mutter?

Bis dahin hatte ich nie gehört, dass ein Jude freiwillig ein gutes Versteck verlassen und ins Ghetto zurückgehen wollte, noch dazu zu einem solchen Zeitpunkt.

»Jetzt will er zurück?«

Ich konnte es kaum glauben.

»Du weißt es vermutlich nicht, aber auch andere junge Juden gehen jetzt zurück ins Ghetto, um zu kämpfen. Der Portier hat mir auch von einem erzählt. Aber nicht deshalb wollte ich mit dir sprechen, sondern wegen deiner Mutter. Sie ist nicht zur Arbeit gegangen und sitzt zu Hause und weint, und Antoni ist nicht da. War er heute irgendwann in der Wirtschaft?«

»Nein, da war er nicht«, sagte ich.

Plötzlich fing ich an, mir Sorgen zu machen. Meine Mutter tat mir leid. Ich hatte ihr schon alles vergeben. Ich wusste auch nicht, ob ich mich freuen sollte, dass Antoni nicht mehr da war. Ich beschloss, nach Hause zurückzugehen.

»Sie hatten Streit«, sagte ich. »Sie haben sich wegen Herrn Jozek gestritten, weil Antoni uns gestern getroffen hat, als wir auf dem Weg hierher waren.« Ich zögerte einen Moment, dann fügte ich hinzu: »Und sie sind eingehängt gegangen, verstehst du, um nicht aufzufallen.«

Mein Onkel lachte.

»Und warum bist du zur Großmutter gezogen?«

Ich erzählte ihm von der Ohrfeige.

»Und warum hast du die bekommen?«, fragte er.

»Damit ich mich nicht einmische«, sagte ich.

»Ich habe ihr gleich gesagt, sie solle es Antoni sagen, aber sie weiß ja immer alles besser. Auch die Großmutter hat sie gewarnt, dass es nicht gut ausgeht.«

Er betrachtete mich von Kopf bis Fuß und fügte hinzu: »Du hast deine Mutter ganz schön in die Patsche gebracht.«

Ich begrüßte Tante Irina, dann ging ich kurz zu Herrn Jozek.

Er lief in Strümpfen in seinem kleinen Zimmer herum und rauchte eine Zigarette nach der anderen. Mein Onkel und meine Tante hatten ihm schon alles Mögliche erzählt. Er freute sich über mein Kommen und bat mich, ihm alles zu berichten, alles, was ich selbst gesehen und was die Leute in der Wirtschaft sagten. Das tat ich. Er sagte, dass er schon seit dem frühen Morgen am Fenster gestanden und auf das Schießen und auf das Heulen der Krankenwagen gehorcht habe. Ich berichtete alles, auch das, was ich eigentlich nicht sagen wollte.

Herr Jozek fing an zu reden und hörte überhaupt nicht mehr auf. Dabei hatte ich keine Zeit. Ich musste doch noch zu meiner Großmutter rennen, meine Sachen packen und wieder zu meiner Mutter gehen. Ich machte mir Sorgen um sie. Aber er hörte nicht auf, von den Aufständischen zu sprechen, die ihre Ehre retteten, die Ehre des ganzen jüdischen Volkes vor den Augen der Geschichte.

»Und was nicht weniger wichtig ist, vielleicht noch wichtiger, die Aufständischen retten die Ehre des jüdischen Volkes in ihren eigenen Augen. Sie kämpfen.« Er war sichtlich bewegt. »Sie kämpfen gegen die Deutschen.«

Plötzlich wurde ich von seiner Begeisterung angesteckt.

»Mein Onkel hat gesagt, Sie wollen vielleicht zurück.«

»Nicht vielleicht. Ich gehe zurück. Ich gehe noch in dieser Nacht.«

Er sprach völlig entschlossen. Ich hatte nicht den geringsten Zweifel, dass er sich den Aufständischen anschließen wollte. Ich war nicht ganz sicher, ob ich Mitleid mit ihm haben oder stolz auf ihn sein sollte. Mir war klar, dass er nicht zurückkommen würde. Nicht nur, dass er nicht zurückkommen würde, sondern dass seine Aussichten, überhaupt hinzukommen, fast gleich null waren.

In diesem Moment wusste ich, dass es meine Pflicht war, ihn heil ins Ghetto zu bringen. Wenigstens das.

»Wann gehen Sie?«, fragte ich.

»Dein Onkel hat mir versprochen, dass er mit deinem Stiefvater reden wird. Ich habe ihm gesagt, dass ich bereit bin, jede Summe zu bezahlen, die mir zur Verfügung steht. Außerdem wird dein Stiefvater froh sein, mich loszuwerden, nach dem, was gestern passiert ist. Dein Onkel wird sich selbstverständlich freuen, nachdem er von euch das Geld für drei Monate im Voraus bekommen hat. Ich habe den ganzen Tag gewartet, aber nichts ist passiert. Er hat gesagt, dein Stiefvater sei nicht zu Hause.«

»Sie haben sich gestritten und Antoni ist weggegangen«, sagte ich.

»Haben sich deine Eltern meinetwegen gestritten?«

Meine Eltern, dachte ich wütend.

Ich bestätigte es. Er zuckte mit den Schultern und sagte: »Nun, jetzt spielt das schon keine Rolle mehr.« Er schwieg gedankenverloren. »Deine Mutter – solche Frauen gibt es selten.« Dann kam er wieder auf seine Angelegenheit zurück. »Wenn deinem Onkel bis morgen früh nichts anderes einfällt, gehe ich auf eigene Faust. Ich werde einfach herumlaufen wie einer, der neugierig ist und sehen will, was im Ghetto passiert. Bestimmt wird sich mir irgendeine Gelegenheit bieten. So oder so. Sie passen auf, dass keiner aus dem Ghetto kommt, aber sie kommen nicht darauf, dass jemand ins Ghetto zurückwill. Ich glaube, ich werde sie überraschen.«

»Herr Jozek, Sie haben keine Chance«, sagte ich.

Dann erzählte ich ihm von dem Weg durch die Kanalisation.

Erst war er nicht einverstanden, er fürchtete einfach um meine Sicherheit. Ich widersprach ihm, es sei nicht gefährlich, wir gingen die ganze Zeit über einmal in der Woche hin, manchmal auch zweimal. Und wenn Antoni uns wirklich verlassen hätte, auch seine Arbeit, und zu seiner Schwester gefahren sei, würde er nicht so schnell zurückkommen. Wenn überhaupt. Nur ich könnte ihn hinbringen.

Allerdings nicht in der Nacht, bei Nacht hätte ich Schwierigkeiten gehabt, den Weg zu finden. Auch bei Tag war es dunkel unten, aber die Orientierungspunkte, die Antoni mir gezeigt hatte, waren teilweise die Öffnungen, durch die etwas Tageslicht hereinfiel, wenn man unter ihnen durchging.

»Ich bringe Sie morgen früh hin und gehe sofort zurück. Antoni wird es noch nicht einmal merken, auch wenn er inzwischen nach Hause zurückkommt.«

»Nur gegen Bezahlung.«

»Ich wollte Ihnen einen Gefallen tun«, sagte ich.

»Nein«, antwortete er, »nur gegen Bezahlung.«

Hartnäckig beharrte er darauf. Und ich sagte, ich würde das Geld so lange für ihn aufbewahren, bis er zurückkäme.

Wir wurden uns einig und schüttelten uns die Hände.

Der Plan war folgender: Am nächsten Morgen sollte ich wie gewöhnlich von zu Hause weggehen, als wollte ich zur Schule, nur dass ich etwas mehr Essen und Trinken in meine Tasche packen würde. Ich wollte auf der Straße gegenüber dem Haus meines Onkels warten, bis mein Onkel und meine Tante das Haus verließen und zur Arbeit gingen. Dann wollte ich ihn abholen.

»Wo ist der Einstieg in die Kanalisation?«, fragte er.

»Das werden Sie morgen sehen«, sagte ich.

Eine der ersten Fragen, die Antoni mir und meiner Mutter gestellt hatte, als ich am Tag zuvor nach Hause gekommen war, war, ob Herr Jozek unsere Adresse wusste. Herr Jozek hatte mich nie danach gefragt und daher hatte ich sie ihm auch nicht gesagt. Ich hatte es mir nicht überlegt, aber wenn er gefragt hätte, hätte ich sie ihm vielleicht gesagt.

Antoni war erleichtert gewesen. Morgen würde Herr Jozek unsere Adresse erfahren, wenn ich ihn in unseren Keller brachte. Wenn Antoni das rausbekommt, dachte ich, dann bringt er mich um.

Es gab eine Schwierigkeit: Keiner würde nach unserem Einstieg die Öffnung verschließen. Aber dieses Risiko musste ich eingehen. Wenn meine Mutter in den Keller ginge, bevor ich zurückkam, würde sie alles entdecken. Aber dann wäre Herr Jozek bereits im Ghetto.

Ich nahm die Straßenbahn zu meiner Großmutter und fuhr dann ebenfalls mit der Straßenbahn, vermutlich der letzten vor der Sperrstunde, nach Hause. Die Haltestelle war ein ganzes Stück von unserem Haus entfernt. Ich rannte den ganzen Weg und kam nach Beginn der Sperrstunde an. Meine Mutter hatte sich keine Sorgen um mich gemacht, denn sie dachte ja, dass ich weiterhin bei meiner Großmutter bliebe. Sie weinte tatsächlich. Wegen Antoni.

Meine Mutter umarmte mich. Sie fragte, ob ich nicht mehr böse sei, und ich sagte, was gewesen sei, sei vorbei.

»Außerdem«, sagte ich, »bin ich heute früher von der Arbeit weggegangen und habe nichts zu essen bekommen.«

Meine Mutter bereitete mir Essen und setzte sich zu mir. Und während ich aß, entschuldigte sie sich für das, was passiert war. Sie hätte Antoni die ganze Wahrheit erzählen müssen, sagte sie, denn wenn sie das nicht getan hätte, hätte er nicht verstanden, warum sie zuließ, dass ich mich um Herrn Jozek kümmerte, und warum sie ihm nichts erzählt hatte.

»Warum ist er dann von zu Hause weggegangen?«

»Warst du bei Onkel Wladyslaw?«

»Ja, ich war dort. Ich habe Herrn Jozek vom Aufstand erzählt. Aber er wusste es schon.«

»Wladyslaw war hier, er hat Antoni gesucht. Antoni hatte mir ausdrücklich verboten, ihm etwas von der Widerstandsaktion zu sagen. Er hat gesehen, dass ich weinte, und da habe ich einfach gesagt, wir hätten uns gestritten. Wir haben uns gestern ja tatsächlich gestritten.«

»Ich habe gedacht, Antoni hätte das Haus verlassen.«

»Was fällt dir ein, Marek! Du bist einfach nicht daran gewöhnt, dass wir streiten. Solche Dinge verstehst du noch nicht.«

»Was hat Onkel Wladyslaw erzählt?«

»Dass Herr Jozek sich den Aufständischen anschließen möchte.« Sie senkte den Kopf, dann sagte sie: »Gott möge ihm beistehen.«

»Antoni ist also wegen einer Aktion der Widerstandsbewegung weggegangen?«

»Ja«, sagte sie.

»Hat es was mit den Juden zu tun?«

»Nein«, sagte meine Mutter seufzend. »Es ist etwas anderes.«

Plötzlich dachte ich, das Versprechen, das ich Herrn Jozek gegeben hatte, sei vielleicht übereilt gewesen. Denn wenn mir wirklich etwas passieren würde …

Ich machte mir Sorgen um meine Mutter.

Ich aß weiter, und meine Mutter erzählte mir, wie im Lebensmittelgeschäft alle über die Juden gestaunt hätten. Und der Portier Walenti hatte gesagt, wenn die Juden es eine Woche aushielten, würde er einiges von dem, was er immer über sie gesagt hatte, zurücknehmen.

Und ich berichtete ihr alles, was ich auf der Straße und in der Wirtschaft gehört hatte. Sie seufzte jedes Mal tief, wenn ich von den Leuten sprach, die sich über das Schicksal der Juden freuten. Plötzlich rief sie mit hörbarer Angst: »Wer weiß, wie Gott uns für das alles strafen wird. Für die Sünden, die wir gegen die Juden begehen. Wer weiß.«

Als wir schlafen gingen, küsste ich sie und umarmte sie, und sie küsste und umarmte mich liebevoll.

»Mach dir keine Sorgen«, sagte ich zu ihr. »Antoni kann auf sich aufpassen, er kommt zurück.«

Mein Hass auf ihn war schon geringer geworden.

Ich schlief sofort ein, wachte aber mitten in der Nacht auf. Auf Zehenspitzen schaute ich nach, ob Antoni schon zurückgekommen war. Meine Mutter lag allein im Bett, eine Hand hatte sie auf sein Kissen gelegt.

In dieser Nacht wurde ich noch ein paar Mal wach. Jedes Mal ging ich zum Fenster und schaute auf die dunkle Straße hinunter. Dabei dachte ich an den nächsten Tag.

11 Kein Weg zurück

Am Morgen bekam meine Mutter mich nur mit Mühe wach, so müde war ich. Aber als ich verstand, dass es schon Morgen war, musste sie mich nicht aus dem Bett ziehen, wie es häufiger passierte.

Antoni war noch nicht zurückgekommen, und meine Mutter sah aus, als hätte sie die ganze Nacht kein Auge zugetan. Ich beschloss, nicht Antonis Grubenlampe zu nehmen, denn die würde er sofort vermissen. Ich nahm die alte Taschenlampe, die ich einmal zum Geburtstag bekommen hatte. Dann packte ich eine Flasche mit Wasser und ein paar Brote in meine Schultasche.

Es gab noch eine Schwierigkeit. Wie sollte ich wissen, ob mein Onkel und meine Tante schon das Haus verlassen hatten? Daran hätte ich früher denken sollen. Meine Mutter ging sichtlich widerwillig zur Arbeit. Sie ließ einen Zettel für Antoni zurück und bat ihn, sie in der Firma anzurufen, sobald er wieder da wäre. Wie die meisten Leute hatten wir kein Telefon im Haus, sondern telefonierten vom Schreibwarenladen der alten Frau Korpalska.

Wir gingen zusammen hinunter und verabschiedeten uns auf der Straße. Ich gab mir Mühe, mich nicht anders zu verhalten als sonst und möglichst beiläufig »Auf Wiedersehen« zu sagen, damit sie nichts merkte und keinen Verdacht schöpfte.

Ich konnte tatsächlich nicht wissen, ob mein Onkel und

meine Tante schon weggegangen waren. Ich wartete eine Weile, dann ging ich einfach hinein. Ich begrüßte Herrn Kiszka, den Portier. Ich rannte die Treppe hinauf und klingelte auf die Art, die ich am Tag vorher mit Herrn Jozek abgesprochen hatte, und er machte mir die Tür auf.

Aus irgendeinem Grund hat sich die Türklingel von der Wohnung meines Onkels und meiner Tante fest in meine Erinnerung gegraben. Es war eine alte Klingel, keine elektrische, und sie funktionierte wie eine Fahrradklingel, nur dass man den Hebel nicht hin- und herbewegte, sondern ihn herumdrehte.

Mein Onkel und meine Tante waren schon nicht mehr zu Hause und Herr Jozek stand bereit. In der Wohnung herrschte eine seltsame Stille.

Ich erkundigte mich nach der jüdischen Familie, die mein Onkel im mittleren Zimmer versteckte. Er und der Portier hatten dort eine doppelte Wand gebaut und der Eingang war versteckt hinter einem der Betten. Wenn ich sonst mit einer Besorgung kam oder etwas von meiner Mutter ausrichten musste, saßen sie meist bei zugezogenen Gardinen im Wohnzimmer und spielten Karten.

Herr Jozek sagte, er habe sie überhaupt nicht kennengelernt, sie seien nicht zu Hause. Ich erschrak, als ich erfuhr, dass mein Onkel sie gegen einen Sonderpreis hatte gehen lassen. Sie waren für die Feiertage ins Ghetto zurückgekehrt. Ostern war zwar erst in einer Woche, aber an diesem Sonntag, das heißt vor zwei Tagen, hatte das jüdische Pessachfest angefangen. Später erfuhr ich, dass viele Juden ihr Versteck verlassen hatten und ins Ghetto zurückgegangen waren, um das Fest gemeinsam mit ihren Familien zu begehen. Herr Jozek hielt das für unverantwortlich und wahnsinnig.

»Vielleicht haben die Deutschen das gewusst und deshalb beschlossen, das Ghetto an Pessach zu räumen«, sagte er.

Ich sagte ihm, Herr Korek meine, es handle sich um ein Geburtstagsgeschenk für Hitler, denn er hatte an genau dem Tag Geburtstag. Vermutlich hatten sie angenommen, sie könnten das Ghetto an einem einzigen Tag räumen.

Herr Jozek dachte darüber nach und sagte, das könne auch stimmen. Und vielleicht handle es sich um das zufällige Zusammentreffen von zwei Gründen, die beide richtig seien. Jedenfalls waren zu Beginn der Räumung sehr viele Juden im Ghetto, die eigentlich nicht drin sein sollten. Die Arbeit von Verrätern? Ich habe schon gesagt, dass es Kollaborateure wie die Volksdeutschen und Verräter und Polizeispitzel nicht nur unter uns gab, sondern auch unter den Juden.

Herr Jozek hatte zuerst vorgehabt, sich von seinem Freund, dem Priester, zu verabschieden. Aber dann entschied er sich, seinen Plan nicht in letzter Minute zu gefährden. Er hatte einen Brief geschrieben und bat mich, ihn dem Priester zu geben, wenn ich zurückkäme.

Wir gingen zu Fuß. Wir waren noch nicht weit gekommen, da sahen wir an der Ecke Grzybowskastraße und Zelaznastraße einen Menschenauflauf. Dort hing einer der Lautsprecher, die die Deutschen an Straßenecken und auf Plätzen aufgehängt hatten, um ihre Mitteilungen und Nachrichten durchzugeben. Sie wurden übrigens »Beller« genannt.

Viele Leute standen da und hörten zu, denn die Deutschen

sprachen über die Toten von Katyn* und verlasen ihre Namen. Um keine Aufmerksamkeit zu erregen, blieben wir auch stehen. Alle paar Minuten wurde die Lesung der Namen für folgende Mitteilung unterbrochen: »Das sind die Opfer der bolschewistischen Juden! Die bolschewistischen Juden haben kaltblütig die polnischen Offiziere ermordet. Der jüdische Bolschewik mordet, raubt und schlachtet Mütter und ihre Kinder!« Dann ging es weiter mit der Verlesung der Namen der Ermordeten.

Noch bevor wir ankamen, bat ich Herrn Jozek, am Haus vorbeizugehen und nach zwei oder drei Minuten zurückzukommen und das Treppenhaus links neben dem Tor zu betreten. Inzwischen wollte ich den Portier und seine Frau ablenken.

Ich ging hinein und fragte, ob sie morgens zufällig Antoni gesehen hätten. Ich hätte eine Unterschrift meiner Eltern vergessen, die ich für die Schule brauchte, und jetzt würden sie mich nicht in die Klasse lassen. Sie glaubten mir, denn sie wussten, dass ich mich ziemlich wild benahm. Leider hätten sie Antoni nicht gesehen. Ich sagte, ich hätte keinen Schlüssel, aber ich könnte die Mutter vom kleinen Wlodek fragen, die hätte mal einen Schlüssel zu unserer Wohnung gehabt und vielleicht wäre er ja noch da. Aus den Augenwinkeln konnte ich sehen, dass Herr Jozek ins Haus kam, und in diesem Augenblick fragte ich sie, ob sie etwas Neues vom Aufstand der Juden gehört hatten. Sie fingen an, darüber zu re-

---

* Im Frühjahr 1943 entdeckten deutsche Besatzungstruppen bei dem russischen Ort Katyn die Leichen von über 4000 polnischen Offizieren. Sie waren im September 1939 in russische Kriegsgefangenschaft geraten und im Frühjahr 1940 auf Befehl Stalins ermordet worden.

den. Ich unterbrach sie nicht und sagte selber nichts dazu. Als sie mir alle Einzelheiten erzählt hatten, die ich schon wusste, ging ich zum gegenüberliegenden Eingang, wo die Nachbarin wohnte, und stieg nach Herrn Jozek die Treppe hinunter in den Keller.

Was sie denken würden, wenn ich nicht zurückkam, kümmerte mich nicht besonders. Ich war sicher, dass sie es vergessen und nicht darauf achten würden, es sei denn, jemand würde nach mir fragen. Außerdem nahm ich an, dass ich sowieso zu der Zeit wieder da sein würde, zu der ich sonst von der Schule zurückkam.

Es war schon nach neun, als wir in die Kanalisation einstiegen. Herr Jozek rutschte sofort aus. Noch nie war er an einem solchen Ort gewesen, deshalb ging ich ganz langsam, damit er sich daran gewöhnen konnte. Plötzlich hatte ich Antonis Rolle übernommen, und ich erinnerte mich daran, wie ich das erste Mal mit ihm durch den Kanal gegangen war. Wie aufgeregt ich gewesen war. Damals hatte ich geglaubt, ich sei ein Held. Genau wie die Leute, die in Victor Hugos Buch durch die Kanäle von Paris liefen.

Herrn Jozek konnte ich davon erzählen. Wenn ich so etwas zu Antoni gesagt hätte, hätte er nicht gewusst, was ich meinte. Sicher hätte er gesagt: Letztlich laufen wir in einer stinkigen Röhre. Was hat das mit Büchern zu tun, noch dazu mit einem Buch von irgendeinem französischen Schriftsteller, der schon lange tot ist?

Heute weiß ich, dass ich Antoni für primitiver hielt, als er tatsächlich war. Vielleicht auch nur deshalb, weil er wollte, dass man diesen Eindruck von ihm bekam. Vielleicht wollte er nur ganz anders sein als mein Vater, denn dann musste er

nicht mit ihm konkurrieren. Statt sich einem Vergleich zu
stellen, zog Antoni es vor, ein völlig anderer Mensch zu
sein.

Wir kamen zur ersten Station und setzten uns auf die
Bretter. Wir sprachen nicht miteinander. Herr Jozek sagte
nur, es falle ihm schwer, zu atmen, wegen der stinkenden
Dunstschwaden. Es war wirklich nicht leicht, besonders für
jemanden, der zum ersten Mal diesen Weg zurücklegte. Wir
saßen da und horchten auf das, was oben auf der Straße passierte.

Dieser Teil des Weges verlief unter der polnischen Seite
der Stadt, unter dem Teil, der einmal zum Ghetto gehört
hatte. Herr Jozek fragte, wie weit es noch sei. Antoni hatte
mir einmal gesagt, bis zur Lesznostraße wären es ungefähr
drei Kilometer und ab dort wäre man sozusagen schon im
jüdischen Teil.

An der zweiten oder dritten Station bemerkte ich, dass im
Kanal auffallend viel Wasser floss. Herr Jozek meinte, die
Deutschen hätten sich möglicherweise dazu entschlossen,
die Kanalisation zu sprengen, um den Juden eine Flucht-
möglichkeit zu nehmen.

Es war sofort zu merken, als wir unter den Straßen des
Ghettos angekommen waren. Über uns herrschte Ruhe. Wir
hörten aber auch keine Schüsse. Herr Jozek hatte eine Uhr,
und unter einer Kanalöffnung sagte er, es sei schon halb elf.
Es dauere noch eine bis anderthalb Stunden, sagte ich, denn
wir gingen sehr langsam. Antoni und ich brauchten für diesen Weg weniger als zwei Stunden, sogar mit dem Sack auf
dem Rücken. Aber wir waren auch daran gewöhnt.

Wir hörten einen sonderbaren Lärm. Das war kein Auto.

Das Geräusch entfernte sich und kam wieder. Wir blieben stehen und lauschten. Plötzlich sagte Herr Jozek: »Ein Panzer.«

Ich hatte ihm bereits von den Panzern und den Panzerfahrzeugen erzählt. Jetzt konnte er es selbst hören. Ein Panzer fuhr direkt über unseren Köpfen hinweg. Dann hörten wir ein Geräusch, das etwas anders klang, vielleicht ein Panzerwagen. Und noch einer. Dann war wieder alles ruhig. Wieder ein Panzerfahrzeug. Dann noch eines. Wieder war alles ruhig. Wir gingen weiter.

»Sie nehmen uns ernst«, sagte Herr Jozek und in seiner Stimme klang eine gewisse Freude. »Sie schicken Panzer. Sie nehmen uns ernst.«

Er freute sich, obwohl er genauso gut wie ich wusste, dass die Juden nicht gewinnen konnten. Sie konnten nur verlieren. Und gegen Panzer verloren sie höchstens ein bisschen schneller als ohne Panzer.

Dann hörten wir, wie über uns Soldaten marschierten. Das war unter der Lesznostraße. Im Gleichschritt marschierten sie über unseren Köpfen und sangen.

Plötzlich hörten wir zwei heftige Explosionen.

Herr Jozek erschrak, dann fing er wie verrückt an zu lachen, denn sofort waren Schreie zu hören, die Schreie von Verwundeten, und deutsche Flüche. Dann wurde geschossen. Sie schossen. Sie schossen mit Gewehren, mit Maschinengewehren und automatischen Pistolen.

Es wurde still. Dann fingen sie wieder an zu marschieren, aber sie sangen nicht mehr. Bald darauf waren die Sirenen von Krankenwagen zu hören.

Bei der nächsten Pause nahm Herr Jozek meine Taschenlampe und untersuchte das Brett, bevor er sich hinsetzte. Eine Zahl stand darauf, eine Sieben.

»Wie viele Stationen gibt es?«, fragte er.

»Vierzehn«, sagte ich. »Antoni sagt immer, so viele, wie der Kreuzweg hat.«

Da sagte Herr Jozek plötzlich etwas sehr Seltsames. Er fragte mich: »Was glaubst du, Marek, was hätte Jesus getan, wenn er jetzt in Warschau leben würde? Wäre er ins Ghetto zurückgegangen, um sich den Aufständischen anzuschließen?«

Ich wusste nicht, was ich antworten sollte, und er fuhr fort: »Glaubst du, er wäre gekommen, damit man ihn ein zweites Mal kreuzigt?«

Wir saßen im Dunkeln, um die Batterie der Taschenlampe zu schonen, und die Abwasserdämpfe brannten uns in den Augen. Wieder wusste ich keine Antwort und er stellte mir eine dritte Frage.

»Glaubst du, dass Jesus den Deutschen vergeben hätte?«

Diesmal konnte ich antworten. Ich erinnere mich auch noch, was ich sagte, denn es war wirklich unmöglich, ihnen das zu vergeben, was sie taten. Meiner Meinung nach konnte auch Jesus das nicht tun. Aber es gab noch eine andere Frage, die die meisten Leute damals in der Kriegszeit stellten: Wo ist Gott, und wie kann er zulassen, dass solche Dinge geschehen?

Das fragte ich Herrn Jozek.

»Marek«, sagte er, »auch viele Juden fragen, wo Gott ist. Aber Gott handelt nicht wie die Menschen, mit Schuld und Strafe. Schuld und Strafe nach der menschlichen Logik.«

»Sie werden also nicht bestraft werden?«, fragte ich.

»Sie werden bestraft werden«, sagte er, »aber nicht auf die Art, wie die Menschen strafen.«

»Was für eine Art gibt es noch?«, fragte ich.

»Stell dir die nächste Generation vor, ihre Kinder. Die werden wissen, dass ihre Eltern Mörder waren. Vielleicht ist das ein Teil der Strafe.«

Ich hielt das nicht für eine Strafe. Vielleicht würden ihre Kinder das gar nicht wissen? Strafe musste etwas Reales sein. Zum Beispiel, dass man ihr Land zerstörte. Natürlich würden dann auch Frauen und Kinder getötet werden, die keine Schuld an dem hatten, was in Warschau passierte. Aber eine andere Strafe, so eine, wie Herr Jozek meinte, kam mir lächerlich vor gegen das, was die Deutschen uns und den Juden angetan hatten.

Ich machte mir Sorgen um ihn. Er atmete schwer und wurde allmählich immer erschöpfter. Während wir noch dasaßen und ich überlegte, ob ich jetzt aufstehen und weitergehen sollte oder ob es besser wäre, ihn noch ein wenig ausruhen zu lassen, hörten wir plötzlich ganz dicht hinter uns eine Explosion und beide flogen wir in den Kanal. Im letzten Moment war es mir noch gelungen, die Taschenlampe hochzuhalten.

»Bist du in Ordnung, Marek?«

Ich war in Ordnung. Wir rappelten uns hoch.

»Das war im Kanal hinter uns«, sagte er.

»Ja«, sagte ich.

»Wir müssen zurückgehen und schauen, was passiert ist.«

Ich gab keine Antwort, aber ich dachte wie er. Denn wenn etwas auf unserem Weg passiert war und nicht in einem Seitengang, dann war mir der Rückweg versperrt. Herr Jozek versuchte, Schmutz von sich abzuwischen. Ich leuchtete ihm. Aber er gab es gleich wieder auf.

»Egal«, sagte er. »Komm, gehen wir.«

Herr Jozek hoffte meinetwegen, es könnte nur so geklungen haben, als wäre die Explosion hinter uns gewesen. Denn das Geräusch einer Explosion klingt unter der Erde ganz anders als oben. Ich wollte schon auf die ganze Sache verzichten, aber Herr Jozek beharrte hartnäckig darauf, dass wir zurückgehen und nachschauen müssten. Es war gut, dass er darauf beharrte. Die Explosion hatte in einer Öffnung stattgefunden, unter der wir durchgegangen waren, und dieser Teil des Kanals war jetzt von Schutt versperrt und stockdunkel. Kein Laut war zu hören gewesen, als wir vorhin hier gegangen waren. Herr Jozek sagte, die Sprengung sei vermutlich schon vorbereitet gewesen, und wir hätten Glück gehabt, dass wir nicht mitten hineingeraten waren.

»Wer hat das getan?«, fragte ich.

»Bestimmt nicht die Juden«, meinte er. »Marek, wie kommst du wieder zurück? Ich hätte dich nicht dadurch in Gefahr bringen dürfen, dass du mitkommst. Du hättest mir eine Karte zeichnen müssen … Was soll jetzt werden?«

»Darüber werden wir nachdenken, wenn wir draußen sind«, sagte ich. »Sicher gibt es noch andere Wege, wie man aus dem Ghetto kommt, auch sauberere.« Ich wollte etwas Witziges sagen, obwohl ich selbst merkte, dass mir die Angst den Hals abschnürte.

Wir gingen weiter. Die Gedanken schwirrten mir durch den Kopf. Vor allem dachte ich natürlich an meine Mutter. Ich stellte mir ihr Gesicht vor, wenn ich nicht zurückkam. Ich stellte mir vor, wie Antoni hinunterging und entdeckte, dass der Einstieg in die Kanalisation nicht abgedeckt war. Er würde es sofort verstehen. Und das war jetzt meine Hoffnung, dass Antoni zurückkäme und einen Grund hätte, in den Keller zu gehen. Wenn man Polen im Ghetto fand, wurden sie ohne Zögern umgebracht. Erst recht ein Pole, der versuchte, wieder hinauszukommen. Wenn Antoni den Deckel offen fand, so hoffte ich, würde er zu Onkel Wladyslaw gehen, und wenn er dann erfuhr, dass Herr Jozek nicht mehr da wäre, musste ihm alles klar werden. Mach dir keine Sorgen, Mama, dachte ich, ich werde zurückkommen.

Gegen zwölf erreichten wir die letzte Station. Wir ruhten uns aber nicht aus, sondern gingen gleich weiter. Den ganzen Weg über sagte keiner von uns ein Wort, abgesehen von ein paar Bemerkungen über die Höhe des Tunnels. Der kurze Gang unter der Nalewskistraße war sehr eng und niedrig. Ich kannte die Stelle aus der Zeit, als wir zu dem geräumten Teil des Ghettos gegangen waren, um Sachen zu suchen.

»Nalewski«, sagte ich und Herr Jozek seufzte.

Nachdem wir diese kurze, niedrige Strecke hinter uns hatten, kamen wir wieder in einen Tunnel, in dem man immerhin gebückt gehen konnte und nicht mehr auf allen vieren kriechen musste. Ich versprach Herrn Jozek, dass wir gleich wieder zu einem Kanal kämen, wo wir aufrecht gehen konnten. Ich hatte mich nicht geirrt.

Ich glaube, Herr Jozek hätte es keine halbe Stunde länger ausgehalten. Als wir ankamen, war er wirklich am Ende seiner Kraft. Nicht nur wegen der Anstrengung, sondern hauptsächlich wegen der giftigen Luft. Als ich die Eisenleiter hinaufstieg, hörte ich ihn hinter mir laut schnaufen und keuchen. Mit erstickter Stimme sagte er zu mir: »Marek, ich muss mit dir reden.«

Er setzte sich auf eine Sprosse der Leiter, bis er wieder Luft bekam. Dann sagte er: »Ich bin es deiner Mutter schuldig, Marek, dass du wieder heil nach Hause kommst. Wenn wir jetzt hinaufgehen, machst du alles genau so, wie ich es dir sage, du musst es mir versprechen.«

Ich versprach es, ohne zu zögern. Alles, was ich wollte, war, wieder nach Hause zu kommen. Je eher, umso besser.

12 Im Ghetto

Ich gab Herrn Jozek die Taschenlampe und bat ihn, mir zu leuchten. Er richtete das Licht auf den Deckel, ich nahm die Eisenstange, die neben der Leiter an einer Kette hing, und klopfte mit aller Kraft gegen den Deckel über meinem Kopf. Ich versuchte, in dem gleichen Rhythmus zu schlagen, wie Antoni es immer tat, obwohl ich nicht wusste, wer sich im Keller über uns befand. Es kam keine Reaktion. Dann fingen wir an, abwechselnd gegen den Eisendeckel über uns zu schlagen.

Ich erklärte Herrn Jozek, dass dies der Eingang zu einem Keller sei, genauer gesagt, die Luke befinde sich im Fußboden eines Kellers, den die Juden ausgebaut hatten. Hierher waren wir immer gekommen und hatten mit den Eigentümern des Hauses Geschäfte gemacht. Vielleicht war jetzt, nach Beginn des Aufstandes, alles ganz anders. Vielleicht war niemand mehr da.

Ich sagte, wir könnten den Deckel vielleicht alleine hochheben. Ich erinnerte mich nämlich genau, dass ich oben neben der Luke nie Säcke oder andere schwere Gegenstände gesehen hatte, die weggeräumt wurden, bevor wir ausstiegen, so wie es bei uns zu Hause im Keller war. Hier lagen nur Lumpen, ganze Haufen schmutziger, stinkender Lumpen, die die Bewohner auf den Deckel legten, um ihn zu verbergen.

Wir probierten, den Deckel hochzudrücken. Da hörten

wir plötzlich über uns aufgeregte Stimmen und Schritte, die hin und her liefen. Schließlich schrie jemand etwas, mal auf Polnisch, mal auf Jiddisch: »Wer ist dort?«

Sie machten uns auf. Und tatsächlich lag da der Haufen Lumpen.

Herr Jozek stellte sich vor und sagte, dass ich ihn durch die Kanalisation gebracht hätte und jetzt nicht zurückkönne, weil die Deutschen einen der Durchgänge hinter uns gesprengt hätten.

Die Juden nickten, flüsterten miteinander und betrachteten ihn misstrauisch. Dann schickten sie nach jemandem, und wir setzten uns einstweilen uneingeladen auf den Haufen Lumpen, die immer noch sauberer waren als wir.

Und dann kam einer der drei Brüder, mit denen wir immer Geschäfte gemacht hatten. Er erkannte mich sofort.

»Das ist Marek, der Sohn von Herrn Antoni«, sagte er und deutete auf mich.

»Aber sie haben nichts mitgebracht«, sagte ein anderer enttäuscht.

Es stellte sich heraus, dass Antoni versprochen hatte, heute zu kommen und eine Kiste »Bonbons« zu bringen. In meinem Herzen wuchs die Hoffnung. Auch wenn der Durchgang gesprengt war, wüsste Antoni sicher einen anderen Weg und könnte mich von hier wegbringen.

Übrigens, Bonbons war das Kodewort für Kugeln. Andere Wörter, an die ich mich erinnere, waren »Essenspakete« für Waffen, »Eier« für Handgranaten, »Würste« für Pistolen. Und »was der Tante am wichtigsten ist«, das waren Gewehre.

Wieder fingen sie an, miteinander zu flüstern.

»Wo ist Antoni?«, fragte der Mann, den ich kannte.

Ich sagte ihm die Wahrheit.

Da rief er laut: »Herr Prostak! Herr Prostak!«

Herr Jozek wiederholte diesen Namen flüsternd, er schien überrascht zu sein. Der Mann, der Prostak hieß, kam herein. Er erkannte Herrn Jozek nicht sofort, vielleicht, weil er so schmutzig war. Aber Herr Jozek erkannte ihn auf der Stelle und rief: »Edek, ich habe gehofft, dass du es bist!«

Da erkannte Herr Prostak ihn auch und war froh, ihn zu sehen. Er streckte die Hand aus, ging aber gleich wieder einen Schritt zurück.

»Kommt«, sagte er, »ihr müsst euch erst mal waschen.«

»Einen Moment, einen Moment«, sagten die anderen und zogen ihn zur Seite. Sie unterhielten sich leise miteinander, wobei sie immer wieder zu mir herüberschauten. Herr Prostak nickte manchmal zustimmend. Vielleicht versuchten sie, eine Möglichkeit zu finden, um mit meiner Hilfe doch noch an die Kugeln zu kommen.

Herr Jozek stellte mich Herrn Prostak vor, als befänden wir uns in einem Salon, in dem man sich höflich zu verhalten hat. Ich versuchte nicht, ihm die Hand zu geben.

»Das ist Edek«, sagte Herr Jozek zu mir, »ein Schulfreund von früher, aus der guten alten Zeit. Was meinst du, Prostak?«

Herr Prostak ging voraus, wir folgten ihm. Es war der Keller, in dem wir immer ausgestiegen waren, Antoni und ich, aber alles war anders: Es sah jetzt eher aus wie in einem der Bunker, in denen wir 1939 gesessen hatten, als die Deutschen Warschau bombardierten. Auch die Juden nannten diesen Keller Bunker, vielleicht, weil sie die Absicht hatten, den

Eingang zu verschließen und zu tarnen, damit er nicht mehr zu sehen war.

Überall standen Gestelle mit Matratzen, es gab einen Brunnen, den sie gegraben hatten, und Rohre zur Belüftung. Herr Prostak erklärte uns alles. Einige Frauen und Männer waren mit irgendwelchen Vorbereitungen beschäftigt, und Herr Jozek wäre gerne länger geblieben, um alle Einrichtungen genau zu betrachten, aber Herr Prostak sagte, dafür sei keine Zeit. Er müsse uns sofort in die Wohnung von Freunden bringen. Die Leute ließen ihre Arbeit stehen und kamen, um uns zu betrachten. Sie fragten, wer wir seien und woher wir so plötzlich kämen. Aber Herr Prostak bat sie, uns vorbeigehen zu lassen.

»Entschuldigt«, sagte er. »Aber ich muss die beiden Herren in die Wohnung von Freunden bringen, damit sie sich waschen.«

Die Herren, dachte ich, und mein Blick traf den einer Frau, die in unserer Nähe stand. Im selben Moment, als ich unsere verdreckten Kleider betrachtet hatte, hatte sie es auch getan. Unsere Blicke trafen sich und wir lächelten beide. Im Moment war es wirklich fast unmöglich, uns »Herren« zu nennen.

Herr Prostak erklärte uns unterwegs, dass der Bunker von zwanzig Familien gebaut worden sei, die zusammen ungefähr achtzig Personen waren, und dass er eigentlich geheim gehalten wurde. Aber wegen Pessach waren viele Leute von der polnischen Seite und aus dem »wilden« Ghetto gekommen, um mit ihren Familien zu feiern, deshalb seien es jetzt einhundertzwanzig Personen. Man hätte keine andere Wahl, sie müssten alle in den Bunker gebracht werden. Für ein oder zwei Tage wäre das kein Problem, aber es würde eine Katastrophe, wenn sie sich einige Wochen verstecken müssten.

»Wochen?«, sagte ich zu Herrn Jozek. »Sie werden doch alle nach ein oder zwei Stunden ersticken.«

Herr Jozek warf mir einen Blick zu und sagte nichts.

Es gab tatsächlich Belüftungsrohre, ich hatte sie selbst gesehen, aber die Luft würde höchstens für ein paar Dutzend Leute reichen. Ich versuchte mir vorzustellen, wie der Bunker wohl aussah, wenn er bis auf den letzten Platz voll gestopft war. Nicht für alles Geld in der Welt würde ich da hineingehen, dachte ich. Vermutlich erriet Herr Jozek meine Gedanken, denn plötzlich sagte er: »Und was würdest du tun, Marek, wenn du ein oder zwei kleine Kinder hättest?«

Was würde ich tun? Ich fühlte, wie sich meine Hände von alleine zu Fäusten ballten. »Ich würde kämpfen«, antwortete ich.

Wir überquerten einige Höfe, dann kamen wir auf die Straße, die Swietojerskastraße.

Plötzlich sah ich ein seltsames Schauspiel: Jemand stand dort an der Mauer, auf der obersten Stufe einer Leiter, und sprach zur polnischen Seite hinüber. Seine Zuhörer konnte ich nicht sehen. Vielleicht standen sie auf der Straße oder im Park, denn gegenüber befand sich der Krasinskipark. Dieser Mann hielt eine Rede. Dabei hätte ihn irgendein Deutscher einfach erschießen können. Vermutlich waren gerade keine Deutschen da. Und was er alles zu den Polen sagte! Dass sie die Juden unterstützen sollten, zum Beispiel.

»Kommt und schließt euch uns an«, rief er über die Mauer, »wir müssen gemeinsam kämpfen, Seite an Seite.

Das ist die Stunde des Kampfes! Wir alle gemeinsam, Polen und Juden, wir müssen uns jetzt zusammenschließen! Die Stunde der Rache und der Abrechnung ist gekommen! Das ist die Stunde, uns gegen die deutschen Besatzer zu erheben, die unser Vaterland zertreten.«

Als er das Wort »Vaterland« sagte, fiel mir ein, dass es das tatsächlich war. Sie waren zwar Juden, aber sie waren wirklich hier geboren und aufgewachsen. Sie und ihre Eltern, und vielleicht sogar ihre Großeltern.

Der Mann sagte auch zu den Polen, sie müssten vorsichtig sein, gleich würde die Schießerei beginnen. Plötzlich schrie er ganz laut: »Es lebe Polen!«

Wir hörten Applaus von der anderen Seite der Mauer, als der Mann die Leiter herunterkletterte. Ich freute mich, dass auch Herr Jozek den Applaus gehört hatte. Er sollte nicht glauben, alle Polen seien wie Janek und Wacek.

»Sehen Sie!«, sagte ich zu ihm.

Aber Herr Jozek zuckte nur mit den Schultern.

Er fragte seinen Freund, welche Aufgabe er habe, und der Freund sagte, er sei nur einfacher Soldat, wenn man das Soldat nennen könne. Aber die Organisation habe ihm auch die Verantwortung für den Bunker übertragen, durch den wir aus der Kanalisation herausgestiegen waren.

Dann erkundigte er sich nach dem Weg, ob er sehr schwierig sei. Herr Jozek meinte, die Sache mit der Sprengung bereite ihm Sorgen. Ich wusste noch nicht, dass Antoni nicht nur die Kiste mit Kugeln bringen, sondern auch eine Gruppe von Menschen hinausführen sollte. Er hatte gegen eine größere Geldsumme einen Fluchtweg für sie organisiert.

Wenn Antoni etwas passiert war …

Herr Prostak ging sofort wieder zurück, weil er die Verantwortung für die Vorbereitungen im Bunker trug. Es tat ihm leid, dass er sich nicht selbst um uns kümmern konnte, aber er versprach, uns einem guten Freund zu übergeben, einem Herrn Rappaport, der uns in seiner Wohnung so gut bewirten würde, wie er es selbst gern getan hätte. Und er versprach, dass wir uns waschen und umziehen könnten.

So war es. Aber meine Schuhe musste ich trotzdem sauber machen, weil sich Herr Jozek weigerte, die Schuhe von jemand anderem anzuziehen, und es auch mir verbot. Er sagte, wenn wir wieder durch die Kanalisation laufen müssten oder aus irgendeinem Grund fliehen, würden wir in fremden Schuhen viel zu schnell stolpern und ausrutschen.

Dann zog Herr Jozek aus seinen nassen Kleidern zwei Bündel mit Geldscheinen und gab sie mir. »Das war abgemacht«, sagte er.

Ich nahm das Geld. Es war ziemlich feucht geworden. Dann roch ich daran. Es stank. Wer hatte gesagt, dass Geld nicht stinkt?

Herr Rappaport und die anderen Leute luden uns zum Essen ein. Wir setzten uns. Als Herr Jozek sah, wie erstaunt ich das Essen betrachtete, fing er wieder an, über das Pessachfest zu reden, denn es waren die Reste vom vorigen Abend, dem Festessen. Und es gab wirklich viel zu essen.

Es fiel mir nur schwer, zu glauben, dass einerseits die Deutschen angefangen hatten, die noch verbliebenen Juden in Warschau zu vernichten, und andererseits diese Leute gestern Abend noch zusammengesessen hatten, nachdem sie mit viel Aufwand und sicher für viel Geld das ganze Essen besorgt und vorbereitet hatten. Ganz zu schweigen von all jenen, die ihr Versteck verlassen hatten und hierhergekommen waren, wie zum Beispiel die Juden meines Onkels.

Als Erstes fiel mir auf, dass einige Männer, die im Zimmer saßen, ihre Hüte wirklich noch aufhatten. Antoni hatte also nicht gelogen. Es waren ältere Männer. In der Wohnung gab es auch jüngere Leute, und ich versuchte, ihren Gesprächen zu folgen. Aber ich verstand nicht alles. Unser Gastgeber, Herr Rappaport, sagte wenig.

Eine Zeit lang hörten alle einem Mann zu, der aus Treblinka geflohen war. Es war eine schreckliche Geschichte, die er erzählte, wie von jemandem, der der Hölle entkommen war. Er berichtete genau, wie die Deutschen dort alle Juden umbrachten, die sie hier, in Warschau, in die Züge geladen hatten.

Herr Jozek legte seine Gabel hin, er konnte nicht mehr essen. Ich sagte, er müsse essen, sonst hätte er für nichts genug Kraft. Nach einer Weile aß er lustlos weiter.

Später erkundigte er sich, wie die Verteidigung im Gebiet der Bürstenmacherei organisiert war. Herr Rappaport erklärte, es gebe fünf Gefechtseinheiten, in jeder Gruppe seien ungefähr fünfzehn junge Männer, auch ein paar junge Frauen seien dabei. Man dürfe diese Frauen nicht unterschätzen, sagte er zu mir, denn er hatte gesehen, was ich für ein Gesicht gemacht hatte. Er war nicht böse, sondern erklärte mir nur, dass es sich um Pioniere handelte, die eigentlich vorhatten, nach Palästina zu gehen. Nicht alle hätten Waffen, sagte er, und es fehle auch an Munition. Jede Gruppe habe höchstens ein oder zwei Gewehre. Granaten gebe es hingegen genug,

Handgranaten und selbst gebastelte Brandsätze aus der Werkstatt von Herrn Michael Klapfisz & Co.

Nachdem wir gegessen hatten, brachte ein junger Mann Herrn Jozek bei, wie man mit einem Gewehr und einer Pistole umging. Dieser Unterricht dauerte zehn Minuten. Ich konnte mir nicht vorstellen, dass ein solcher Unterricht ausreiche, um mit einem Gewehr und einer Pistole umzugehen, bestimmt nicht für Herrn Jozek. Der Mann zeigte ihm hauptsächlich, wie man zielt. Falls einer der Kämpfer getroffen würde oder falls es den Juden gelänge, den Deutschen Waffen abzunehmen, könnte Herr Jozek am Kampf teilnehmen. Das heißt, er konnte das sowieso, einstweilen nur ohne Waffe. Mich zogen sie überhaupt nicht in Betracht.

Herr Prostak kam zurück und rief uns zu sich. Wir setzten uns ihm gegenüber an den Tisch, der inzwischen abgeräumt worden war und auf dem nun auch eine Decke lag.

Herr Jozek fing an zu reden, obwohl klar war, dass Herr Prostak uns etwas zu sagen hatte. Es ging um mich. Herr Jozek versuchte, Herrn Prostak zu überzeugen, dass er uns helfen müsse, einen Weg zu finden, wie ich aus dem Ghetto gebracht werden könnte.

Herr Prostak hörte ruhig zu und am Schluss zuckte er mit den Schultern. »Das liegt in Gottes Hand.«

Ich verstand sofort, und ich glaube, auch Herr Jozek verstand es sofort. Hier würde sich keiner um das Leben eines jungen Polen kümmern, wenn das Schicksal so vieler Menschen an einem seidenen Faden hing. Es war auch klar, dass nur sehr wenige am Leben bleiben würden, wenn überhaupt jemand.

Aber darüber wollte Herr Prostak nicht sprechen. Er war gekommen, um mich über Antoni auszufragen. Er schaute mich an und sagte: »Dein Vater ist nicht gekommen. Die Leute, die mit ihm Geschäfte machen, haben gesagt, dass das nicht zu ihm passt. Was sagst du dazu, junger Mann?«

»Er ist zu einer Aktion vom Untergrund gegangen«, berichtete ich. »Wenn er es schafft, kommt er ganz bestimmt. Er wird auch schon meinetwegen kommen.«

»Wie kann er wissen, dass du hier bist?«

Ich erklärte ihm, wenn nichts Schlimmes passiert sei und Antoni im Laufe des Tages zurückkomme, was sehr wahrscheinlich war nach dem, wie solche Aktionen früher gelaufen waren, würde er, selbst wenn er sehr müde war, sein Versprechen halten. Und wenn er in den Kanal einstieg, würde er merken, dass ich hier war. Herr Prostak wollte wissen, woran er das merken würde.

»Nur ich kenne den Einstieg«, sagte ich, »und ich habe ihn offen gelassen für den Rückweg. Niemand außer Antoni kapiert das.«

Mehr wollte ich ihm nicht sagen, er fragte auch nicht. Wenn Antoni den Deckel offen fände, sagte ich noch, würde er nicht sofort kommen. Zuerst würde er mich noch in der Schule suchen, dann bei Herrn Korek, und erst dann würde er an Herrn Jozek denken. Er würde zu meinem Onkel gehen oder vielleicht vorher noch zu meiner Großmutter. Das alles würde Zeit kosten. Außerdem könne er nicht auf dem normalen Weg hergelangen, wegen der Sprengung. Aber er würde ganz bestimmt einen anderen Weg finden.

»Wir machen uns Sorgen, nicht nur wegen der Munition«, sagte Herr Prostak. »Da ist noch etwas anderes.

Antoni hat etwas versprochen und dafür auch schon viel Geld bekommen, in englischen Pfund. Man hat mir gesagt, dass man sich auch darin auf ihn verlassen kann.«

Nun, da ich sowieso hier sei, sagte er, könne ich auch wissen, um was es ging. Eine Gruppe von Juden, die von unserer Seite gekommen waren, um Pessach zu feiern, hatten Antoni einen Vorschuss bezahlt, damit er sie wieder aus dem Ghetto brachte. Er hatte ihnen versprochen, dass der Lastwagen einer Baufirma in der Grzybowskastraße auf sie warten würde, neben der Öffnung, wo sie die Kanalisation verlassen würden, pünktlich um halb acht Uhr abends. Das heißt, eine halbe Stunde vor der Sperrstunde. Er hatte mit Bauern, die er kannte, abgemacht, dass sie die Juden in einer Waldhütte in der Nähe unterbringen würden, wo sie sich auch waschen konnten. Dort sollten sie eine ganze Woche bleiben, um zu vermeiden, dass sie alle auf einmal in die Stadt zurückkehrten. Das könnten sie nur einzeln und selbstständig tun, da alle gute Papiere hätten und eine feste Wohnung. Es gab sogar einige, die einen Arbeitsplatz hatten. Es waren sehr reiche Juden, denn die ganze Organisation ihres Besuchs im Ghetto hatte sie ein Vermögen gekostet. Und wenn nicht in letzter Sekunde, wenn sie aus der Kanalisation stiegen, Deutsche auftauchten oder die Polizei, dann konnte die ganze Angelegenheit glattgehen.

Den Ausstieg kannte ich gut. Dort waren wir immer nachts ausgestiegen, als in diesem Teil des Ghettos noch Juden lebten. Ich kannte auch den Besitzer des Lastwagens, weil damals, als Herr Korek seine neue Wirtschaft in der Grzybowskastraße zugewiesen bekam, ein Freund von Antoni dort ein Lager für sein Baugeschäft erhielt.

Während wir uns noch besprachen, kam ein junger Mann und reichte Herrn Prostak einen Zettel. Herr Prostak las ihn schnell, dann schaute er mich an und sagte: »Antoni hat auf die übliche Art angerufen. Alles ist in Ordnung, er hat sich nur verspätet. Aber es gibt einen Nachsatz.« Er hob den Zettel und las vor: »Aus dem Geschäft wird nichts, wenn meine Ware nicht gut bewacht wird.«

Antoni hatte also erraten, dass ich da war. Ich fühlte mich erleichtert.

Herr Jozek sagte in einem Ton, als sei er plötzlich aus tiefem Schlaf erwacht: »Marek, du wirst rauskommen. Ich bin so froh, das zu hören.«

»Ich weiß nicht, ob du hier herauskommst, junger Mann«, sagte Herr Prostak. »Aber wir müssen dich gut bewachen, bis dein Vater kommt. Wir werden auf dich im Bunker aufpassen.«

Fast wäre ich aufgesprungen und hätte »nein« geschrien. Aber im letzten Moment beherrschte ich mich. Wenn ich mich ruhig und besonnen verhielt, könnte ich vielleicht die erste Möglichkeit nutzen, wieder hinauszukommen. Ich war sicher, dass ich an einem solchen geschlossenen Ort nicht am Leben bleiben könnte, an einem Ort, der noch nicht mal zwei Meter hoch war und voll gestopft mit Frauen und Kindern. Während ich noch fieberhaft in Gedanken nach einem Ausweg suchte, sagte Herr Prostak: »Das bedeutet, junger Mann, dass du jetzt gleich mit mir kommst.«

Herr Jozek drückte mir fest die Hand und ich wünschte ihm alles Gute. Und ich versprach ihm, dass wir für ihn sorgen würden, wenn es ihm gelänge, wieder hinauszukommen, wenn alles vorbei war. Er solle gleich zu meiner Großmutter gehen. Dort könne er ohne Schwierigkeiten ins Haus kommen. Dabei war ich aber überzeugt, dass es ihnen nicht gelänge, mich da unten einzuschließen. Bestimmt würde ich Herrn Jozek noch einmal sehen, bevor Antoni kam und mich holte.

Herr Prostak nahm mich am Arm und zog mich hinaus.

»Wir haben es eilig«, sagte er. »Wir haben Anweisung bekommen, alle Zivilpersonen bis zwei Uhr in die Bunker zu bringen, und ich möchte ein paar Minuten eher da sein, bevor die Leute kommen.«

Er brachte mich zurück in den Bunker und übergab mich einem der drei Brüder. Es war derselbe, der mich erkannt hatte, als ich mit Herrn Jozek aus dem Kanal gestiegen war. Inzwischen prüfte Herr Prostak die letzten Vorbereitungen.

Plötzlich hörten wir den Lärm von unzähligen Füßen, die die Treppe herunterrannten, und aufgeregtes Schreien und Rufen kam immer näher. Wahre Menschenmassen drängten sich auf einmal in den schmalen Eingang. Wir wurden zurückgeschoben. Noch bevor ich verstand, was passiert war, stürzten sich all diese Menschen auf die Bettgestelle und warfen ihre Sachen darauf. Frauen schrien nach ihren Männern und die Männer drängten sich weiter, verängstigte Kinder und Babys schrien. Es war ein schrecklicher Anblick. Als wäre ihnen der Tod schon auf den Fersen. Doch es stellte sich heraus, dass sie nur vor wenigen Minuten den Befehl erhalten hatten, in den Bunker zu gehen, und deshalb waren sie alle auf einmal hinuntergerannt, um noch einen Platz zu bekommen.

Die Menschen, die schneller und stärker waren als die anderen, hatten schon einen Platz erobert und verschanzten sich darauf, die anderen drängten sich mitten im Bunker zusammen, wo die Tische und die Kochgeräte standen. Einer der drei Brüder, die ich kannte, schrie etwas auf Jiddisch, winkte, sprach und flehte, aber niemand hörte auf ihn.

Da zog Herr Prostak eine kleine Pistole aus der Tasche und fuchtelte damit in der Luft herum. Das beeindruckte die Menschen. Er stieg auf einen Tisch, und als sich alle hereingedrängt hatten, bat er um Ruhe. Er gab bekannt, dass niemand draußen gelassen würde, auch wenn er nicht zu den Eigentümern des Bunkers gehörte. Er sei hier für die Ordnung verantwortlich und müsse den Bunker dann von außen abschließen. Und er würde ihn nicht abschließen, wenn nicht auf der Stelle seine Anweisungen befolgt würden. Dann sagte er, dass keine Pakete oder andere Gegenstände in den Bunker gebracht werden dürften, nur Essensvorräte und zusätzliche Decken, soweit sie benötigt würden. Der vorhandene Platz würde gleichmäßig aufgeteilt, sagte er, ohne Rücksicht darauf, ob jemand nur Gast war oder am Bunker mitgearbeitet hatte.

Diese Ankündigung führte zu Unruhe unter den Besitzern des Bunkers, aber Herr Prostak machte sich nichts aus den Protesten und dem Geflüster und sagte, es gebe keinerlei Bevorzugung. Jeder Einzelne bekomme eine halbe Pritsche. Eine halbe Pritsche, wiederholte er nachdrücklich. Was das Essen betreffe, so werde man später beschließen, ob sich jeder selbst verpflege oder ob alles zusammengelegt und gleichmäßig verteilt werde. Das hänge davon ab, ob sie einen Tag oder zwei hier bleiben müssten oder einige Wochen. So sprach er. Und es wurde still. Plötzlich verstand auch ich, wie ernst die Lage war.

Auf einmal erschien Herr Jozek. Er war draußen vorbeigekommen und wollte sehen, wie es mir ging. Trotz des Geschreis schüttelten wir uns noch einmal die Hände. Dann drängte er sich hinaus und verschwand.

Ich betrachtete die Leute um mich herum. Alte Männer und Frauen waren dabei, einige Leute machten einen vornehmen Eindruck. Es gab Familien mit einem oder zwei Babys und Mütter mit größeren und kleineren Kindern. Die Räumung des Ghettos, über die wir, meine Mutter, Antoni und ich, zu Hause so oft gesprochen und gestritten hatten, wurde für mich plötzlich sehr real und fassbar.

Herr Prostak war ein energischer und kluger Mann und wusste, wie man Menschen führte. Ich hatte von Herrn Jozek gehört, dass er vor dem Krieg eine große Fabrik geleitet hatte. Die Leute begannen, ihre Sachen nach draußen zu bringen.

Der Mann, der auf mich aufpassen sollte, hatte inzwischen wohl seinen Auftrag vergessen. Ich nahm die Gelegenheit wahr, ging einfach mit den anderen hinaus und verschwand.

Jesus Maria, wenn man mich in diesem Bunker eingesperrt hätte, unter einer Decke, die ich fast überall berühren konnte, wenn ich nur die Hand hob, mit all den Leuten, die nach ein paar Stunden bestimmt langsam ersticken mussten, wäre ich verrückt geworden. Mir war klar, dass keiner mich suchen würde. Sie hatten ernstere Sorgen in diesem Moment. Und ganz bestimmt würde mich keiner suchen, wenn Herr Prostak den Bunker erst einmal von außen verschlossen hatte und gegangen war.

Meine Mutter hat wirklich Recht, dachte ich, Gott möge diesen Juden beistehen, denn wer außer ihm konnte ihnen helfen? Gott möge ihnen beistehen und sich ihrer erbarmen. Amen.

13 Das Ende

Die Deutschen marschierten mitten auf der Straße, wie bei einer Militärparade. Wir zählten sie. Es waren fast dreihundert.

Wir saßen hinter einem kleinen Fenster in der Walowastraße und hatten einen guten Blick auf den Haupteingang zum Gelände der Bürstenmacherei. Es war der Beobachtungsstand. Man hatte einige junge Männer ohne Waffen hierhergeschickt, auch uns beide. Aber niemand hatte uns gesagt, was passieren würde.

Es war mir nicht schwergefallen, herauszufinden, wo sich die Gruppe von Herrn Jozek aufhielt. Man nannte ihn hier »der Neue, der aus dem Kanal gekommen ist«. Als ich aus dem Bunker gekommen war, hatte ich Leute in verschiedenen Stockwerken des Gebäudes gesehen. Sie hatten alle schon ihre Stellung an Fenstern und Luken eingenommen. Herr Jozek war sehr erschrocken gewesen, als er mich entdeckte, und hatte angefangen zu schimpfen.

Ich ließ ihn reden. Als er fertig war, sagte ich: »Herr Jozek, ich konnte dort nicht bleiben. Ich habe mich gefühlt, als hätte man mich lebendig begraben. Ich wäre fast erstickt. Wenn ich kleine Kinder hätte, hätte ich vielleicht keine Wahl gehabt …«

Er hatte mich angeschaut und verständnisvoll genickt.

»Du bleibst jetzt die ganze Zeit neben mir, Marek, ohne Tricks, verstanden? Ich hoffe nur, dass Antoni bald kommt.

Wenn ich hier sterbe, möchte ich mit einem reinen Gewissen sterben.«

Ich glaube, dass er sich im Grunde freute, dass wir wieder zusammen waren.

Die Deutschen hatten jetzt die Stelle vor dem Tor erreicht, wo sich die Straße verbreiterte, und als sie sich anschickten, das Gelände zu stürmen, hörte man plötzlich eine enorme Explosion und alles flog in die Luft.

Die jungen Männer neben mir jubelten wie verrückt, auch Herr Jozek. Sie lachten und schrien vor Freude und umarmten sich immer wieder. Ich denke, sie trauten ihren eigenen Augen nicht. Alle auf einmal versuchten, zu den Fenstern zu kommen und hinauszuschauen.

Das Unglaubliche war geschehen.

Es war nicht das erste Mal, dass Juden Deutsche umgebracht hatten. Auch vorher war das in Warschau schon geschehen, aber nur sehr selten. Bis zum Vortag, dem ersten Tag des Aufstands, war es nur zu vereinzelten Zusammenstößen gekommen.

Aber diesmal war es Krieg. Die Deutschen, die so unbesiegbar schienen, die drauf und dran waren, die ganze Welt zu erobern, wurden von den Juden zurückgeschlagen.

Natürlich nur vorübergehend, das wussten wir alle. Ich glaube nicht, dass sich jemand da etwas vormachte. Aber in diesem Augenblick dachte keiner an das, was sein würde. Wir schauten nur zu, wie die Deutschen herumkrochen und in Nischen und Höhlen der Mauern Deckung suchten. Überall lagen Tote herum, und die Verwundeten schrien und stöhnten. Die anderen schossen voll Panik nach allen Seiten, ohne zu zielen. Ich glaubte selbst nicht, was ich sah.

Herr Jozek umarmte mich und sagte: »Jetzt wird es mir leichter fallen, zu sterben, wenn es sein muss, Marek, jetzt, nachdem ich das gesehen habe.«

Die Deutschen zogen sich zurück. Sie zerrten ihre Verwundeten hinter sich her und krochen regelrecht davon, wobei sie Deckung an den Mauern suchten.

Die Explosion war von einer Mine ausgelöst worden, die von jüdischen Kämpfern eingegraben und elektrisch gezündet worden war. Einer der jungen Männer von unserem Beobachtungsposten war für die Zündung verantwortlich gewesen. Er war sehr stolz. Dann wurde uns gesagt, wir sollten zurückgehen. Rennend überquerten wir die Straße. Die Deutschen schossen kaum noch.

Aber ich blieb stehen und lief nicht mit den anderen. Herr Jozek kam zurück, um mich zu holen, und fing an zu schreien.

Ich sagte, ich hätte einen Deutschen gesehen, der von dem Luftdruck in eine Vertiefung des Bürgersteigs geschleudert worden war, vor ein Kellerfenster. Ich hätte vor, ihm sein Gewehr abzunehmen. Da war er still und wir rannten gemeinsam zu der Stelle. Tatsächlich hatte der Deutsche ein Gewehr. Vor lauter Aufregung hätte ich fast vergessen, ihm auch den Patronengürtel abzunehmen.

Ich trug das Gewehr und alle betrachteten mich neidisch. Herr Jozek sagte nichts, aber ich konnte seinem Blick nicht standhalten. Ich gab ihm das Gewehr. Ich fand, es stand ihm viel eher zu als mir.

Dann wurden wir in den vierten Stock geschickt. Dort sollten wir nach Herrn Diamant fragen, der Herrn Jozek noch einmal zeigen würde, wie ein Gewehr funktionierte und wie man damit zielte. Als Zeichen der Würdigung, weil ich das Gewehr gebracht hatte, gaben sie mir zwei Granaten und eine Bombe. Sie waren selbst gemacht. Die Handgranaten musste man mit einem Streichholz anzünden, und die Bombe bestand aus einer Blechdose, die ungefähr einen halben Liter fasste und mit Sprengstoff gefüllt war.

Ich konnte sehr gut mit Steinen werfen und wartete nur darauf, dass die Nazis zurückkämen.

Herr Diamant zeigte Herrn Jozek, wie das Gewehr funktionierte, und übte mit ihm. Ich saß daneben und schaute zu. Er solle nur in größere Gruppen schießen, sagte Herr Diamant, nicht auf einzelne Soldaten, dann würde er sicher treffen. Er schickte noch zwei junge Männer mit uns, falls Herr Jozek getroffen würde, konnte einer von ihnen das Gewehr übernehmen.

Ein paar junge Mädchen gingen zwischen den Kämpfern herum und verteilten Essen und etwas zu trinken. Ich war nicht hungrig, aber ich trank, soviel ich bekommen konnte.

Ich weiß nicht, wie viel Zeit verging, bis sie ihren Angriff wiederholten. Vielleicht eine Stunde, vielleicht länger. Aber sie kamen zurück. Diesmal kamen sie nicht im Gleichschritt, sondern suchten, immer zu zweit, Deckung an den Wänden der Häuser. Sie sprengten das Tor und verteilten sich auf dem Gelände.

Jetzt begann der wirkliche Kampf. Die jüdischen Kämpfer schossen aus den Fenstern und warfen Brandsätze. Einige Zeit blieb ich bei Herrn Jozek und schaute zu, wie er mit dem Gewehr umging. Er blieb in der Nähe seines Lehrers, Herrn Diamant, der von den meisten »Avramele« genannt worden war.

Herr Diamant war vor dem Krieg Soldat bei unserer Armee gewesen und wusste genau, was er zu tun hatte. Und alles tat er sehr langsam. Die anderen jungen Männer drängten immer: »Nu, Avramele, noch eine, auf was wartest du?«

Aber er achtete nicht darauf. Er zielte langsam, sehr langsam, und jeder Schuss, den er abgab, wenn er ihn schließlich abgab, traf einen Deutschen.

Herr Jozek war sehr aufgeregt. Er zitterte regelrecht und kam mit dem Gewehr nicht zurecht. Da er Linkshänder war, kam er ständig mit den Händen durcheinander, wenn er versuchte, das Gewehr zu laden oder anzulegen und zu zielen. Und schließlich konnte er nicht durch das Visier schauen. Er sagte, alles verschwimme ihm vor den Augen, er könne es einfach nicht. Nachdem er eine Kugel abgeschossen hatte, gab er das Gewehr einem anderen jungen Mann.

Herr Jozek bekam zwei echte Handgranaten und zwei selbst gemachte, wie ich sie hatte. Wir gingen beide zum ersten Stock, damit wir unsere Granaten und Brandsätze gezielter werfen konnten.

Diese jungen Leute, Männer und Frauen, waren keine Soldaten. Und vielleicht machten sie alles Mögliche nicht, was erfahrene Soldaten getan hätten. Aber ihr Verhalten zeigte ganz deutlich, dass sie keine Angst vor dem Sterben hatten, Hauptsache, sie brachten noch ein paar dieser Mörder um.

Auch einige Kämpferinnen waren bei uns, junge Frauen, wesentlich jünger als meine Mutter. Eine von ihnen, an die ich mich erinnere, hieß Dvora. Sie stand auf dem Balkon im zweiten Stock und schoss auf die Deutschen, ohne dass sie sich bückte. Soviel sie auch auf sie schossen, sie wurde nicht getroffen. Als würde sie von Zauberkräften beschützt.

Und ein junger Mann traf mit seinem Brandsatz einen Deutschen direkt auf den Helm. Mit einem Schlag stand er in Flammen und fing an, wie verrückt zu rennen und zu schreien. Er hätte sich auf die Erde werfen und herumrollen müssen, aber das schaffte er nicht.

Als ich meine beiden Handgranaten warf, flog plötzlich neben mir eine Granate auf den Boden, die ein Deutscher in unser Fenster geschleudert hatte. Der junge Jude neben mir nahm die Granate und warf sie zurück. Luszek hieß er, und ich werde seinen Namen nie vergessen, denn er hat mir das Leben gerettet.

Herr Jozek vergaß, was er sich vorgenommen hatte, und hörte auf, auf mich aufzupassen. Alles, was um uns herum passierte, war überwältigend, und das Leben jedes Einzelnen von uns hatte plötzlich kaum noch eine Bedeutung.

Auch ich wurde von der Begeisterung angesteckt und dachte schon nicht mehr an Antoni. Ich dachte nicht an mich. Der Gedanke, ob ich hinauskam oder nicht, war mir egal. Im Augenblick war mein persönliches Schicksal nicht wichtig. Es spielte keine Rolle, was mit mir geschah. In diesem Moment wäre ich bereit gewesen, mit den jüdischen Kämpfern zu sterben. Ich glaube nicht, dass das Leichtsinn war, sondern ich wuchs förmlich über mich hinaus.

Wieder zogen sich die Deutschen zurück. Und wieder trauten die jüdischen Kämpfer ihren Augen nicht. Auch ich hatte Schwierigkeiten, es zu glauben. Aber es stimmte, sie zogen sich zurück. Wir gerieten in einen Freudentaumel und umarmten uns immer wieder begeistert.

Dann geschah etwas Unglaubliches, so unglaublich wie alles, was damals geschah: Drei deutsche Offiziere kamen als Unterhändler. Alle drei hielten sie ihre Gewehre mit dem Lauf zur Erde und sie hatten weiße Bänder an ihren Uniformen befestigt.

Später erfuhr ich, dass sie um eine Viertelstunde Feuerpause gebeten hatten, um ihre Toten und Verwundeten zu bergen. Und sie erklärten, dass alle, die freiwillig herauskamen, mit ihrem ganzen Besitz in ein Arbeitslager nach Ponjitowa oder Trawniki geschickt würden.

Die Kämpfer hörten nicht auf zu schießen.

Aber plötzlich kamen ein paar Dutzend Leute heraus, unter ihnen alte Menschen, Frauen und viele Kinder, Mütter mit Babys, sogar ein paar junge Männer, und ergaben sich den Deutschen. Ich weiß nicht, ob sie aus irgendeinem überfüllten Bunker gekommen waren oder aus einem anderen Versteck. Jedenfalls mischte sich keiner ein oder versuchte, sie zurückzuhalten. Wussten wir doch, dass keiner lebend hier herauskommen würde.

Ich verstehe nur nicht, warum die Juden die drei Offiziere nicht umgebracht haben, als sie näher kamen. Es war nicht die richtige Zeit für ritterliches Verhalten. Sie hätten sich anhören können, was sie zu sagen hatten, und sie dann erschießen können.

Tatsächlich kam ein Botschafter des Kommandanten unseres Viertels und befahl fünf Leuten aus unserer Gruppe, zu einem der Häuser in der Franciszkanskastraße zu rennen, weil die Deutschen dort angefangen hatten, über die Dächer und Dachböden in die Häuser einzudringen, genau zu der Zeit, als sie hier verhandelten.

Die Deutschen schossen von allen Seiten. Auch unsere Männer schossen, aber ihr Feuer war schwach und die Kugeln gingen langsam zu Ende.

Bis jetzt waren auf unserer Seite nicht viele getroffen worden, aber von dem Kampf in der Franciszkanskastraße kam nur ein junger Mann zurück. Er erzählte stolz, dass sie mit den Soldaten gekämpft hätten, oben auf den Dächern, auf den Dachböden und in den Treppenhäusern. Und sie hatten sie aufgehalten, auch dort hatten sich die Deutschen zurückgezogen.

Aber jetzt war die Freude nicht mehr so groß. Viele junge Männer waren in diesem Kampf Mann gegen Mann umgekommen, unter ihnen Michael Klapfisz.

Die Nachricht von seinem Tod verbreitete sich schnell von Haus zu Haus und von Stockwerk zu Stockwerk, im ganzen Gebiet der Bürstenmacherei. Ich glaube, ich habe schon erzählt, dass er der Mann war, der die Handgranaten- und Bombenwerkstatt eingerichtet hatte. Der junge Mann, der zu uns zurückkam, hatte gesehen, wie er getötet worden war. Ein Deutscher mit einem Maschinengewehr saß hinter einem Schornstein. Viele junge Männer auf den Dächern wurden getroffen, bis es gelang, ihn unschädlich zu machen. Unter den Gefallenen war auch Michael Klapfisz.

Wenn ich heute versuche, mich zu erinnern, wie viel Zeit zwischen den verschiedenen Ereignissen lag, dann weiß ich es nicht mehr. Die kurzen Augenblicke, die wir auf die Deutschen schossen und unsere Handgranaten auf sie warfen, sind in meiner Erinnerung immer länger geworden, und ich weiß nicht mehr, was die Männer, mit denen wir dort zusammen waren, taten oder sagten. Hingegen verkürzten sich die Stunden, die zwischen den Ereignissen lagen, in meiner Erinnerung, obwohl ich weiß, dass es Stunden des Wartens gegeben hat.

Ich kann mich noch an das Flugzeug erinnern, das irgendwann anfing, über uns zu kreisen. Jemand sagte, das sei ein schlechtes Vorzeichen. Und wirklich stellte sich heraus, dass es ein Aufklärungsflugzeug war, das den deutschen Kanonieren Hinweise über unsere Stützpunkte gab, und am späten Nachmittag fingen sie dann an, uns mit Kanonen zu beschießen.

Die Deutschen schickten auch kleine Sprengkommandos aus, die einzelne Häuser sprengten und anzündeten. Das Feuer griff um sich und bald brannten auch die umliegenden Gebäude. Auf der anderen Seite der Ghettomauern sahen wir Feuerwehren, die aufpassten, dass der Brand nicht auf die Stadt übergriff.

Wir bekamen den Befehl, uns in den Bunker der Swietojerskastraße zurückzuziehen. Unser Gruppenkommandant entschied, dass wir den Weg über die Dächer nehmen sollten, weil gerade eine Feuerpause eingetreten war.

Wir rannten die Treppen hinauf. Die Kämpfer stiegen einer nach dem anderen aufs Dach, und wir mit ihnen. Ich hatte keine Waffe. Herr Jozek trug die Pistole von einem der jungen Männer, der umgekommen war, aber er hatte keine Kugeln. Bis morgen, so hoffte er, würde er Kugeln bekommen. Wir stiegen als Letzte auf das Dach und liefen über das Brett eines Schornsteinfegers.

Plötzlich stand ein Deutscher vor uns.

Bis heute verstehe ich nicht, wie es sein konnte, dass er auf einmal da stand, und wo er hergekommen war.

»Ein Deutscher!«, schrie Herr Jozek.

Einer der Männer, der eine Waffe hatte, hörte den Schrei und stieg vom Dachboden des nächsten Hauses wieder zurück auf das Dach. Aber er war zu weit weg. Der Deutsche schoss auf Herrn Jozek.

Alles passierte blitzschnell. Doch wenn ich es vor mir sehe, dehnt sich alles und dehnt sich ... Jede Bewegung des Deutschen und jede Bewegung von Herrn Jozek spult sich in meiner Erinnerung ab wie im Zeitlupentempo. Ich sehe, wie der Deutsche mit der Pistole auf Herrn Jozek schießt. Vielleicht war er ein Offizier? Oder ein Kundschafter der Kanoniere? Jedenfalls hatte er kein Gewehr.

Der Deutsche stand am anderen Ende des Schornsteinfegerbretts und schoss immer wieder auf Herrn Jozek. Immer wieder. Und Herr Jozek rannte über das Brett auf ihn zu. Es war nicht weit. Trotzdem rannte er und rannte, mit ausgestreckten Händen, als würde er plötzlich einen Freund sehen, den er schon lange nicht getroffen hatte. Er rannte auf ihn zu, als wollte er ihn umarmen.

Das Gesicht des Deutschen verzerrte sich. Es verzerrte sich ganz langsam. Er schoss auf Herrn Jozek, und Herr Jozek rannte weiter, bis er bei ihm ankam. Er umarmte ihn und beide verloren das Gleichgewicht und rollten das schräge Dach hinunter. Sie rollten über das Blech, und bei jeder Umdrehung versuchte der Deutsche verzweifelt, sich zu befreien. Die Pistole fiel ihm aus der Hand und rollte allein weiter. Der Deutsche schrie. Herr Jozek drehte in der letzten Sekunde, im Bruchteil der letzten Sekunde, den Kopf zu mir und unsere Blicke trafen sich.

Ich machte den Mund auf, um ihm etwas zuzurufen. Ich

weiß nicht, was ich rufen wollte. Wenn ich heute daran denke, fällt mir nichts ein.

Dann waren sie verschwunden. Und ich stand mit aufgerissenem Mund da, eine Sekunde oder zwei, horchte auf die Schreie des Deutschen, die leiser wurden. Und dann hörte ich den Aufprall auf dem Hof unter mir.

Der junge Mann, der vorher aufs Dach gekommen war, um uns zu helfen, kam zu mir und wollte mich hinter sich herziehen. Ich schüttelte seine Hand ab. Ich wollte nicht mitgehen. Ich musste hinunter, zu Herrn Jozek. Sofort, auf der Stelle. Der junge Mann versuchte, mich zu überreden. Er redete auf mich ein. Inzwischen begann das Kanonenfeuer wieder und wir hörten das Pfeifen eines nahen Geschosses. Der junge Mann ließ mich stehen und rannte zum Dach des Nachbarhauses.

Ich ging zurück. Ich stieg die Treppe hinunter. Unten stand alles in Flammen, die Deutschen hatten das Erdgeschoss in Brand gesteckt. Ich kam nicht durch. Ich rannte zurück und lief in irgendeine Wohnung. Ich wollte eine Decke nass machen und sie über mich werfen. Es gab kein Wasser.

Ich hängte mir die Decke über den Kopf und ging zurück zum Treppenhaus. Dort rutschte ich einfach das Geländer hinunter, wie ich es zu Hause immer tat. Ich riss mir die Decke ab, die schon Feuer gefangen hatte, und rannte in den Hof.

Niemand war da, außer Herrn Jozek und dem Deutschen. Ich rannte zu ihnen. Alles war voller Blut. Ich versuchte, die beiden zu trennen, ich zog und zerrte aus aller Kraft. Dabei schrie ich: »Herr Jozek! Herr Jozek!«

Seine Augen gingen weit auf, wie in großem Erstaunen, und mir schien, als sähe ich ein leichtes Lächeln des Begreifens, und dann war alles vorbei.

Ich richtete mich auf und versuchte immer wieder, die beiden Körper zu trennen. Aber das war unmöglich. Herr Jozek hielt den Mann umklammert, wie in einer Art Krampf.

Plötzlich gab es eine laute Explosion und ein Teil des Hauses stürzte ein. Und dann hörte ich schreckliche Schreie unter der Erde. Die Decke eines Bunkers hatte unter dem Gewicht des einstürzenden Hauses nachgegeben.

Die Leute fingen an herauszukriechen. Sie zogen Kinder hinter sich her. Verwundete schleppten sich mühsam vorwärts. Ich sehe mich noch selbst neben Herrn Jozek und dem Deutschen sitzen. Und was jetzt?, dachte ich. Wohin können sie gehen? Was können sie tun?

Ich verließ die Leichen und versuchte, den Leuten zu helfen herauszukommen. Dabei wusste ich, dass es für keinen von ihnen eine Hoffnung gab.

Ich zog eine Frau heraus, die einen Säugling trug. Aber der Säugling war schon tot. Ich wusste nicht, ob er nicht schon vorher erstickt war oder ob er jetzt gestorben war. Dann eine alte Frau. Und dann sah ich nur noch Hände und Gesichter. Und ich hörte Schreie, die mir in den Ohren gellten und von denen ich manchmal noch träume.

Wir holten alle heraus, die man noch herausholen konnte.

Dann machten sie sich auf den Weg und sagten, ich solle mit ihnen kommen. Es gebe einen anderen Bunker.

»Sie werden uns nicht reinlassen«, sagte jemand.

»Das sollen sie nur wagen«, sagte ein anderer. Seine

Stimme klang drohend. »Der Bunker von den Reichen«, sagte er.

Ich bat einen jungen Mann, er solle mir helfen, Herrn Jozek und den Deutschen zu trennen. Aber auch zu zweit schafften wir es nicht. Erst als ein dritter Mann uns half, gelang es uns. Sie fragten noch nicht mal, wo der Deutsche herkam. Einer suchte nach seiner Pistole. Aber das Magazin war leer.

Sie riefen, ich sollte mitkommen. Aber ich hob Herrn Jozek auf und schleppte ihn von dem brennenden Haus weg.

Sie gingen. Von dem eingestürzten Bunker drang noch immer dumpfes Stöhnen herauf. Das waren die, die wir nicht hatten herausholen können, weil wir nicht durch die Trümmer kamen.

Wir wurden immer noch beschossen. Aber ich hatte nicht das Gefühl, dass es mich etwas anging. Sogar die Stimmen kamen nur von weitem zu mir. Ich versuchte, das Blut von Herrn Jozeks Gesicht zu wischen. Ich schloss ihm die Augen. Und ich überlegte, dass ich ihn begraben musste. Auf keinen Fall konnte ich ihn einfach so liegen lassen.

Ich hatte schon einmal am Bett einer Toten gestanden, aber damals war ich noch klein gewesen. Das war, als eine alte Tante von mir gestorben war. Ich erinnerte mich, wie viel Angst ich gehabt hatte. Auch damals hatte ich nur einen Gedanken, den Gedanken an ihre Seele. Ob sie noch hier in der Nähe war oder schon zum Himmel emporgestiegen. Später wachte ich nachts oft auf und schaute mich im Zimmer um, ob sich etwas bewegte. Denn ich glaubte, ihr Geist treibe sich noch um mein Bett herum.

Ich fing an zu beten und hörte mittendrin wieder auf. Das

waren nicht die richtigen Gebete. Aber ich konnte es nicht aushalten, ohne zu beten, und andere kannte ich nicht. Deshalb fuhr ich fort zu beten. Und das war alles, was ich für diesen Mann tun konnte.

Ich hob mir Herrn Jozek auf den Rücken und trug ihn weiter. Dabei dachte ich keinen Moment darüber nach, was ich tat. Ich fühlte, wie meine Kleidung von seinem Blut nass wurde. Die Nässe breitete sich von meinen Schultern nach unten aus, bis über den Rücken.

Ich durchquerte einen Hof, auf dem ein paar halb verkohlte Leichen lagen. Die Häuser sahen nicht verbrannt aus und standen noch alle. Vielleicht waren diese Leute in einem Versteck verbrannte, oder sie hatten ihr Versteck wegen des Feuers verlassen und die Deutschen hatten sie im Hof umgebracht. Ich hatte so etwas schon gesehen, damals, als Warschau brannte, als die Deutschen die Stadt 1939 bombardiert hatten.

Ich habe keine Ahnung, wie ich ging. Von wo nach wo. Ich erinnere mich nicht mehr. Ich ging einfach. Und Herr Jozek drückte mich immer schwerer. Oben, über mir, war viel Rauch. Aber unten war alles ruhig. Ich weiß noch nicht einmal, ob das Schießen inzwischen aufgehört hatte oder nicht. Ich weiß nicht, wie lange ich ging, fünf Minuten oder nur eine Minute. Und als ich an ein Tor kam, ging ich einfach hindurch und stieß fast mit einem Mann zusammen, der fürchterlich erschrak. Als er mich sah, versuchte er zu fliehen und rannte in das Haus.

Doch dann kam er sofort zurück und fragte: »Bist du Marek, der Sohn von Antoni?«

Ich nehme an, dass ich »Ja« sagte.

Nachdem er gemerkt hatte, dass Herr Jozek tot war, wollte er mich dazu bringen, ihn zurückzulassen.

»Wo?«

Er deutete auf eine Ecke hinter uns.

Ich weigerte mich.

»Ich nehme ihn mit«, sagte ich.

Ich wollte ihn nicht zurücklassen.

»Antoni will die Leute nicht hinausbringen, wie er versprochen hat, bis du gefunden bist. Alle, die dich schon mal gesehen haben, sind auf die Suche nach dir gegangen. Wir müssen uns beeilen, denn der Lastwagen kommt pünktlich eine halbe Stunde vor der Sperrstunde. Verstehst du überhaupt, was ich sage? Er will die Leute nicht hinausführen, bis wir dich bringen, tot oder lebendig. Er wollte dich selbst suchen, aber Herr Prostak hat ihn nicht gehen lassen. Er hat Angst, dass dein Vater nicht zurückkommen könnte. Er hat uns geschickt, dass wir dich suchen.«

Plötzlich drang es zu mir durch – Antoni war gekommen. Ich hatte noch eine Hoffnung, dass ich zurückgehen und meine Mutter wiedersehen könnte. Antoni war gekommen, um mich aus der Hölle zu holen.

Der Mann wurde wütend auf mich und sagte: »Los, beeil dich. Was stehst du da rum? Komm endlich!«

Er brachte mich zu dem Bunker, durch den wir aus der Kanalisation gestiegen waren. Der Bunker war offen, und die Leute gingen hinaus, um frische Luft zu schnappen. Sie sahen schrecklich aus. Aber an der Art, wie sie mich anstarrten, erkannte ich, dass ich noch schrecklicher aussehen musste. Vielleicht wegen des Blutes. Es war nicht mein Blut.

Zwei Leute hoben Herrn Jozek von meinem Rücken. Das war nicht leicht, unsere Kleidung klebte aneinander. Man musste ihn förmlich von mir reißen. Wir legten ihn auf die Erde und ich setzte mich wieder neben ihn. Aber sofort kamen Herr Prostak und Antoni zu mir.

»Wir müssen Herrn Jozek begraben«, sagte ich.

Antoni sagte: »Marek, du weißt nicht, was du redest. Wir müssen hier über zwanzig Leute hinausbringen, und wenn wir nicht in zehn Minuten weggehen, kommen wir nicht rechtzeitig an. Hörst du, was ich zu dir sage?«

Vermutlich reagierte ich nicht, denn er kam mit seinem Gesicht ganz nahe zu mir und sagte: »Ich bin es, Antoni, dein Vater.«

»Vater«, sagte ich, »wir müssen Herrn Jozek begraben, sonst kann ich nicht hier weggehen.«

Plötzlich verstand er mich. Er erhob sich. »Herr Prostak«, sagte er, »wir müssen Herrn Jozek begraben.«

Herr Prostak dachte einen Moment nach.

»Marek, ich weiß, dass beschlossen wurde, morgen in aller Frühe Michael Klapfisz zu begraben, mit allen militärischen Ehren. Wenn das wirklich klappt, dann verspreche ich dir, dass wir unseren gemeinsamen Freund neben ihm begraben, mein Ehrenwort.«

Ich glaubte ihm. Michael Klapfisz wurde am nächsten Morgen begraben, um vier Uhr, im Garten des Hofes der Swietojerskastraße 34. Bei der Beerdigungszeremonie wurde eine einzige Kugel abgeschossen, als Ehrensalut. Ein Jahr später wurde ihm von General Sikorski das Tapferkeitskreuz für militärische Verdienste zuerkannt, im Namen der polnischen Exilregierung. Das führte zu heftigen

Protesten von rechten Gruppen in Polen und London, die das eine »Besudelung der höchsten polnischen militärischen Auszeichnung« nannten. Aber ich konnte nie herausbekommen, ob dort noch ein Mann begraben wurde.

Jemand wandte sich an Herrn Prostak und fragte, ob man wieder hinaufgehen könne, in die Wohnungen.

Herr Prostak antwortete, das gehe erst in einer Stunde. Dann rief er die Leute zusammen, die mit Antoni losgehen sollten. Sie sollten sofort kommen und sich auf den Weg machen.

Sie gaben mir zu trinken. Jemand bot mir Essen an, aber meine Kehle war wie zugeschnürt. Sie zogen mir die blutgetränkten Kleider aus. Ich fror. Herr Prostak brachte einen Mantel und zog ihn mir an.

Plötzlich erinnerte ich mich an etwas.

»Herr Prostak«, sagte ich, »in meiner Hosentasche ist viel Geld von Herrn Jozek.«

»In Ordnung«, sagte er, »ich werde mich nachher darum kümmern.«

Wo war Antoni? Er kam zurück, mit einem Paket, das in Segeltuch verpackt war. Er nahm mich zur Seite. Erst fragte er mich, ob ich wieder zu mir gekommen sei. Ich nickte. Dann wollte er wissen, ob außer Herrn Jozek noch jemand von dem Einstieg in die Kanalisation von unserem Haus aus wusste. Ich verstand nicht gleich, was er meinte. Schließlich verneinte ich es.

»Warum, verdammt noch mal, hast du es mir nicht gesagt? Ich hätte ihn selbst hergebracht. Ich musste doch sowieso ins Ghetto.«

»Was sagst du? Du warst nicht da. Außerdem hatte ich nicht die Absicht, hier zu bleiben, aber die Sprengung hat mir den Rückweg abgeschnitten …«

Ich zitterte trotz des trockenen Mantels, den ich anhatte. Meine Zähne klapperten. Antoni brachte mir eine Decke. Er wickelte mich ein und befahl mir, mich hinzulegen.

Ich tat, was er sagte.

»Du hast einen Schock«, sagte er. »Das geht vorbei.«

»Außerdem hättest du ihn nicht hergebracht«, sagte ich zu ihm. »Du hättest ihn auf keinen Fall in unser Haus gebracht, du hättest Angst gehabt vor der Gefahr.«

»Marek, sei nicht so dumm. Ich kenne viele Einstiege. Ich hätte ihn überhaupt nicht in unser Haus bringen müssen, verstehst du?«

Dann deutete er auf das eingewickelte Paket und sagte, ich solle jetzt gut zuhören.

»In diesem Paket ist saubere Kleidung. Die musst du anziehen, wenn wir in der Grzybowskastraße hinaussteigen. Du musst das Paket unterwegs tragen, und an Stellen, wo wir durchs Wasser gehen, musst du es über deinen Kopf halten.«

Ich nickte.

Antoni erklärte mir, was passieren würde, wenn wir ankamen. »Wenn wir hören, dass der Lastwagen kommt und stehen bleibt«, sagte er, »mache ich den Deckel auf, und du gehst als Erster hinaus, mit zwei bewaffneten jungen Männern und mir. Und dann kommen alle anderen und steigen in den Lastwagen. Inzwischen werden sich dort Passanten versammelt haben, und du, Marek, tust einfach so, als wärest du einer von ihnen. Als wärest du zufällig da vorbeigegangen. Und stell dich etwas weiter weg. Du musst natürlich sauber sein, deshalb habe ich dir frische Kleider mitgebracht. Du wirst dich umziehen, wenn wir schon auf der Leiter stehen.«

»Und was ist mit dir, Antoni?«

»Ich mache genau dasselbe«, sagte er und deutete auf ein zweites Paket, das neben der Wand lag. Dann betrachtete er mich einen Moment und sagte: »Du bist noch nicht in Ordnung, Junge.«

»Woher weißt du das?«

»Wenn du in Ordnung wärest, hättest du mich gefragt, was genau in deinem Paket ist.«

Das stimmte. Ich wollte ihm zulächeln, aber ich konnte nicht.

Nach einigen Minuten waren die anderen Leute bereit. Tatsächlich waren zwei junge Männer bei ihnen, die Revolver in den Händen hatten, und eine junge Frau mit einer Taschenlampe. Es war die Frau, die mir zugelächelt hatte, als ich mittags in den Bunker gekommen war, nachdem Herr Prostak »die Herren« gesagt hatte. Sie sollte unterwegs eine Karte zeichnen, damit alle drei den Rückweg fanden. Sie waren wie Herr Jozek. Sie wollten nicht von hier fliehen. Sie wollten kämpfen.

Wir gingen in den Bunker. Dort kam einer der drei Brüder auf Antoni zu und hielt ihm ein Baby hin. Als würden die Geschäfte noch immer so abgewickelt wie früher. Ich sah den Stoffbeutel mit den Papieren, der mit einer Sicherheitsnadel an der Kinderdecke befestigt war.

Antoni zögerte einen Moment, dann nahm er das Kind.

»Sie wird uns verraten, wenn sie anfängt zu weinen«,

sagte eine Frau aus der Gruppe und fügte dann schnell hinzu: »Dafür habe ich nicht bezahlt.«

»Doktor Meier gibt ihr eine Betäubungsspritze«, sagte Herr Prostak.

Die Frau beruhigte sich.

So war ich noch ein einziges Mal Zeuge dieses Schauspiels. Aber diesmal war niemand da, der beim Abschied weinte. Der Doktor entblößte den kleinen Po und gab dem Mädchen eine Spritze. Sie weinte nur ganz kurz. Einer aus der Gruppe sagte, wir müssten uns beeilen. Ich half Antoni, die Kleine wieder anzuziehen und in die Decke zu wickeln. Dabei machte ich den Stoffbeutel mit ihren Papieren ab und verbarg ihn in dem Paket mit meinen Kleidern.

Jemand hob den Deckel weg, und wir begannen hinunterzusteigen, einer nach dem anderen. Antoni zuerst, ich nach ihm. Dann kamen die junge Frau und einer der beiden Männer mit den Waffen. Der zweite junge Mann sollte als Letzter gehen.

Für die Leute war es das erste Mal in ihrem Leben, dass sie die Kanalisation aus der Nähe sahen, wie es für Herrn Jozek das erste Mal gewesen war.

Eine Frau fing an zu schreien, als wir schon unten waren, und flehte uns an, sie sofort wieder hinauszubringen. Jemand sagte, sie leide an Klaustrophobie, sie könne es in geschlossenen Räumen nicht aushalten. Plötzlich verstand ich, dass auch ich an dieser Angst litt, wenn auch nicht so stark.

Wir hörten, wie ihr Mann versuchte, sie zu beruhigen. Er redete auf sie ein, er schrie sie an. Er drohte ihr, dass er allein gehen und sie zurücklassen werde. Er flehte sie an. Aber es half nichts. Alle, die noch auf der Leiter waren, waren gezwungen, wieder hinaufzusteigen, damit die beiden hinauskonnten.

Als schließlich der Letzte unten war, hörte ich die Stimme von Herrn Prostak, der etwas auf Jiddisch schrie, dann auf Polnisch.

»Gute Reise!«

Und dann hörte ich, wie der Eisendeckel über uns zugemacht wurde.

14 Zurück

Antoni wurde nervös und verfluchte die Leute, weil er Angst hatte, dass wir zu spät kämen. Aber sie hatten es schwer. Auch mir fiel der Weg schwer, denn ich war müde. Besonders schlimm war es dort, wo wir bis zum Hals im Wasser gingen. Falls man das überhaupt »Wasser« nennen konnte.

Antoni hatte das Baby und sein Kleiderpaket zusammengebunden und hielt das Bündel über seinen Kopf. Seine Lampe hatte er sich wie üblich am Kopf befestigt, wie es die Bergleute tun, aber diesmal nicht an einem Helm, sondern er hatte sie mit einem Gummiband festgebunden. Und seinen Gürtel und seine Pistole hatte er an dem Kleiderpaket befestigt. Ich sah zum ersten Mal, dass Antoni seine Pistole dabeihatte. Bisher hatte er immer gesagt, das würde erst passieren, wenn der Krieg vorbei wäre.

Nicht nur wir trugen unsere Kleider in Bündeln über dem Kopf. Alle anderen taten es auch. Sie mussten schließlich auch ordentlich aussehen, wenn sie in die Stadt zurückkamen.

Nur die beiden bewaffneten jungen Männer und die Frau, die ich kannte, trugen keine Pakete. Die Frau ging den ganzen Weg neben uns und zeichnete einen Plan. Als wir in dem schlimmen Teil waren, hob sie den Zeichenblock und den Bleistift über den Kopf, und ein paar andere Bleistifte hatte sie im Mund. Eine Lampe, die sie um die Stirn gebunden hatte wie einen Arztspiegel, gab ihr Licht zum Zeichnen. Diese drei brauchten keine sauberen Kleider, weil sie auf demselben Weg zurückgehen wollten.

Der Weg war wirklich schwer und mit den Menschen wurde das Vorwärtskommen noch schwerer. Eine Frau wurde plötzlich ohnmächtig und wäre fast ertrunken, wenn sie nicht jemand von hinten gepackt hätte. Die meisten hatten Kerzen und Streichhölzer dabei, aber die Kerzen gingen immer wieder aus. Vielleicht wegen der Bewegung beim Gehen, vielleicht wegen der Dämpfe, die aus den Abwässern aufstiegen. Es fiel ihnen auch schwer, die Hände mit den Kerzen und den Kleiderbündeln hochzuhalten, als wir den niedrigen Teil durchquerten. Einige warfen an dieser Stelle einfach ihre Kerzen weg und das Kleiderbündel schoben sie von einer Hand in die andere. Aber niemand schimpfte und niemand beklagte sich. Es ging um Leben und Tod.

Trotz allem kamen wir rechtzeitig an.

Antoni und ich stellten uns auf die schmale erhöhte Stufe am Fuß der eisernen Leiter und nach Antonis Uhr hatten wir noch immer über zehn Minuten Zeit. Er bat die Leute, leise weiterzusagen, dass auch der zweite junge Mann mit der Waffe nach vorn kommen sollte, und dann befahl er mir, mich umzuziehen.

Ich wollte, dass er die Lampe ausmachte, und er wurde böse. Er drehte den Kopf weg, damit das Licht nicht direkt auf mich fiel.

»Du hast dir ja den richtigen Zeitpunkt ausgesucht für diesen Blödsinn«, sagte er.

»Was passiert, wenn der Lastwagen nicht kommt?«

»Es wird sein, was sein wird, jedenfalls gehst du als Erster raus.«

In meinem Paket waren nur vier Kleidungsstücke, um Zeit zu sparen. Es war ohnehin schon schwer genug, sich dort umzuziehen, im Dunkeln, auf der kleinen Erhebung. Ich musste aufpassen dabei, denn alles um mich herum war schmutzig. Und alles musste schnell, schnell gehen. Eigentlich waren es fünf Teile, es war nämlich noch ein Schal dabei, den ich mir um den Hals binden sollte, um zu verbergen, dass ich keine anderen Kleider unter dem Mantel trug. Er steckte in der Manteltasche. Antoni machte mich darauf aufmerksam. Ich hatte einen Mantel, eine Hose, Schuhe und eine Mütze.

Antoni trieb mich zur Eile an, denn er hielt das Baby und konnte sich nicht umziehen. Dann hielt ich das Kind. Auch Antoni hatte vier Kleidungsstücke, nur dass er Stiefel hatte statt Schuhe. Die Kleidungsstücke, die wir ausgezogen hatten, warfen wir einfach ins Wasser. Als sie abgetrieben wurden, erinnerte ich mich an Herrn Krol.

Antoni hatte noch etwas mitgebracht. Aus einem der Stiefel zog er eine Tube Klebstoff und einen Schnurrbart, den er sich anklebte. Plötzlich war er nicht mehr der Mann, den ich kannte.

Dann starrte er ununterbrochen auf die Zeiger der Uhr. Uns würde vielleicht nichts passieren, aber wenn der Lastwagen nicht kam und die Leute einfach auf die Straße gingen, würde wenigstens die Hälfte von ihnen gleich geschnappt werden. Wenn nicht von den deutschen Polizisten, dann von Erpressern. Auch die anderen würden kaum ihr Ziel erreichen, wenn sie keinen Platz fanden, wo sie sich umziehen konnten. Ich fragte mich, ob Antoni ihnen den Hof hinter der Wirtschaft vorschlagen würde. Doch sofort verwarf ich den Gedanken. Dort in der Nähe waren zu viele Leute. Und die Stufe, auf der wir uns umgezogen hatten, war so schmal, dass wir beide kaum darauf stehen konnten.

Antoni sagte, ich müsse die Kleine nehmen. Er zeigte mir, wie ich das Paket halten sollte, wenn ich draußen einen neugierigen Zuschauer spielen würde, mit dem Gesicht nach unten, dann könne man unmöglich sehen, dass in dem Paket ein Baby war, und sie hätte trotzdem eine Öffnung, um zu atmen.

Während Antoni noch seine Pistole versteckte, hörten wir den Lastwagen ankommen. Alle atmeten erleichtert auf.

»Ist er das?«, fragte jemand.

Antoni gab keine Antwort. Er bekreuzigte sich nur. Auch ich schlug schnell ein Kreuz.

Dann hob er den Deckel hoch.

Alles ging blitzschnell. Es dauerte mindestens eine Minute, bis jemand merkte, was vorging, und einige Leute stehen blieben, um das aus der Nähe zu sehen.

Ich stellte mich zu ihnen. Einige von ihnen waren Stammgäste aus der Wirtschaft von Herrn Korek, die vermutlich um diese Zeit auf dem Heimweg waren. Nur gut, dass Herr Szczupak nicht da war. Ich glaube nicht, dass jemand von ihnen gesehen hatte, wie wir beide herausgekommen waren, höchstens konnte jemand Antoni gesehen haben, der gleich nach mir gekommen war. Später stellte sich heraus, dass einer der Umstehenden ihn wirklich gesehen hatte, aber er hatte den Eindruck, ein Mann mit Schnurrbart hätte den Juden von außen den Deckel aufgemacht.

Mich erkannten sie sofort. Aber Antoni hielten sie für einen Fremden. Zweifellos kam uns auch die Dämmerung zugute und außerdem war der Himmel von Wolken bedeckt.

Die beiden jüdischen jungen Männer standen bereit, die Waffen in den Händen, und schauten nach allen Seiten. Die junge Frau war unten geblieben.

Und plötzlich fing jemand an zu schreien: »Juden! Drecksjuden!«

Ich glaube nicht, dass es eine Verbindung gab zwischen den Schreien und den beiden Deutschen, die auf einem Motorrad vorbeifuhren und anhielten. Es war einfach Pech.

Die beiden jungen Männer fingen an zu schießen. Die Leute, die als Letzte aus dem Kanal stiegen, rannten zu dem Lastwagen und sprangen auf das Fahrzeug, das sich schon in Bewegung gesetzt hatte. Die anderen, die schon drin saßen, streckten die Hände aus und halfen ihnen hinauf. Zwei von ihnen verloren ihre Pakete mit den Kleidern. Und die Leute, die neugierig herumgestanden hatten, flohen nach allen Seiten.

Ich rannte mit meinem »Päckchen« in die Richtung von Herrn Koreks Wirtschaft. Antoni rannte dicht hinter mir. Plötzlich fühlte ich, dass er nicht mehr da war. Ich blieb sofort stehen und sah, dass er zurückrannte. Ich fand einen Platz, von dem aus ich versteckt beobachten konnte, was geschah. Einer der jüdischen Kämpfer lag auf der Straße. Ich wusste zu diesem Zeitpunkt nicht, ob er sich hingelegt hatte oder ob ihn eine Kugel erwischt hatte.

Antoni hatte hinter einer Litfaßsäule Deckung gesucht und zog jetzt seine Pistole. Er und der zweite junge Mann schossen auf die beiden Deutschen. Vielleicht war einer schon tot, denn er schrie nicht. Nur der zweite schrie und fluchte auf Deutsch. Er lag auf der Straße und das Motorrad ratterte die ganze Zeit neben ihm. Dann schoss der jüdische Kämpfer noch einmal auf ihn und er war still.

Der Jude und Antoni rannten zu dem anderen jungen Mann hin und beugten sich über ihn. Sie drehten ihn um. Antoni sagte mir später, dass er von einer Kugel in den Kopf getroffen worden war. Der andere nahm die Pistole seines Freundes und stieg in den Kanal.

Antoni machte hinter ihm den Deckel zu und versuchte dann, in meine Richtung zu rennen.

Erst da sah ich, dass er stark hinkte. Als er ankam, wollte ich ihn stützen, aber er sagte, er schaffe es alleine. Ohne dass wir es abgemacht hätten, wussten wir beide, dass wir zum Hof hinter Herrn Koreks Wirtschaft gehen mussten. Dann stützte ich ihn doch.

Herr Korek hatte uns offenbar schon von weitem gesehen, vom Fenster aus, denn er stürzte zur Hintertür heraus und wartete schon, als wir kamen.

Antoni sagte, ich solle ihm »das Paket« geben, und erklärte Herrn Korek, wo er es abliefern müsse, bevor die Kleine aufwachte und Schwierigkeiten machte. Dann sagte er, eine Kugel hätte ihn am Bein erwischt.

Herr Korek nahm mir die Kleine ab und hielt sie auf eine ganz seltsame Art, wie ein Mann, der noch nie ein Kind gehalten hat. Dann fragte er: »Gibt es einen Namen oder Papiere?«

»Irgendetwas war an ihrer Decke befestigt, aber vermutlich ist es unterwegs runtergefallen«, sagte Antoni. »Sage denen im Kloster, ich würde das Geld selbst bringen.«

Um ganz sicherzugehen, wollte ich die Papiere meiner Mutter geben. Ich wollte, dass die Juden sie nach dem Krieg finden könnten. Plötzlich fiel mir ein, dass ich überhaupt nicht wissen könnte, zu welchem Kind die Dokumente in meiner Tasche gehörten.

»Sie heißt Julia Theresa«, sagte ich.

Herr Korek lachte mir zu. »In Ordnung, Herr Pate«, sagte er. »Ich gebe den Namen weiter.«

Ich war stolz auf mich.

Dann half ich Antoni auf unser Lastenfahrrad. Er schickte mich eine Decke und etwas Wodka holen. Ich rannte durch die Vorratskammer und die Küche ins Haus. Antoni deckte sich zu und stöhnte wegen seines Beins. Er nahm einen Schluck aus der Flasche und goss ein bisschen Wodka über sich.

»Was tust du?«, fragte Herr Korek.

»Verlass dich auf mich«, sagte Antoni und riss sich den Bart ab. »Bestimmt haben sie überall Posten aufgestellt, noch bevor wir nach Hause kommen.«

Wir fuhren los. Es war zwar kein Sonntag, aber trotzdem hofften wir, die Polizisten zu treffen, die uns kannten. Ich hatte verstanden, warum Antoni sich mit Wodka begossen hatte.

Er hatte Recht. Sicher hatte irgendein Verräter bei der Polizei angerufen, denn noch während wir unterwegs waren, hörten wir schon die Sirenen eines Krankenwagens. Und tatsächlich trafen wir auf vier Polizisten, die die Straße absperrten.

Ohne jedes Zögern fuhr ich mit Antoni auf sie zu. Innerlich betete ich.

Sie hielten uns an, aber einer von ihnen sagte gleich: »Das ist nur Marek.«

Ein anderer Polizist, der etwas weiter weg stand, lachte und sagte: »Es stinkt bis hierher. Was ist passiert, Junge, fängt dein Vater jetzt auch schon an, sich dienstags zu besaufen?«

»Guten Tag«, sagte ich höflich. »Ja, das ist wirklich neu. Ich hoffe nur, dass mein Vater das nicht zur Regel macht. Er wird schon was abkriegen heute, wenn wir nach Hause kommen.«

Sie lachten und ließen uns vorbei.

Als meine Mutter meinen Pfiff hörte, den Pfiff von sonntagabends, kam sie völlig durcheinander und wusste nicht, was sie machen sollte. Ich hörte, wie sie erschrocken die Treppe herunterrannte. Aber ihr aufgeregtes Rennen ließ sich auch dadurch erklären, dass es nicht der übliche Sonntag war. Ich flüsterte ihr schnell zu, sie solle sich benehmen wie sonst auch. Und sie spielte sofort ihre Rolle.

Ich glaube nicht, dass unsere Nachbarn irgendeinen Verdacht schöpften. Aus Achtung vor meiner Mutter taten sie, als würden sie wie üblich nichts hören und sehen, bis wir ihn die Treppe hinaufgebracht hatten. Ich flüsterte Antoni zu, er solle etwas singen. Aber er sang nicht.

Als wir die Tür hinter uns zugeschlossen hatten, fiel meine Mutter mir um den Hals und fragte, wie ich ihr so etwas Schlimmes nur antun konnte. Als Antoni jedoch liegen blieb, so, als sei er wirklich betrunken, merkte sie, dass irgendetwas nicht stimmte. Sie ließ mich los und ging zu ihm. Da sah sie den Revolver und fing an, ihn ängstlich zu betasten.

»Das ist nichts«, sagte er, »nur mein Bein. Hauptsache, der Junge ist wieder da.«

Und dann fiel sie ihm in die Arme und Antoni stöhnte vor Schmerzen, und beide sahen wir, dass seine Hosenbeine voller Blut waren.

Erst am nächsten Tag, als ich ihr alles erzählt hatte, auch dass ich nur vorgehabt hatte, Herrn Jozek hinzubringen und gleich wieder zurückzukommen, hörte sie auf, mir Vorwürfe zu machen.

In aller Frühe ging ich zu meiner Großmutter und bat sie, uns den Arzt vom Untergrund zu schicken. Auch ihr musste ich alles erzählen, von Anfang an und der Reihe nach. Meine Großmutter war sehr traurig wegen Herrn Jozek und sagte, dass sie eine Kerze für ihn anzünden werde, auch wenn er ein Jude gewesen war.

Nachdem die beiden Kugeln aus Antonis Bein entfernt worden waren, fühlte er sich schon viel besser.

Nach einigen Tagen war er reisefähig. Wir hatten inzwischen beschlossen, dass wir zu Ostern die Stadt verlassen wollten. Vielleicht würden wir einige Zeit bei Antonis Schwester im Dorf bleiben. Nicht nur aus Angst vor Verrätern, die uns vielleicht gesehen hatten, als wir aus dem Kanal stiegen, sondern auch wegen meiner Mutter, die den Anblick des Rauchs nicht ertrug, der über dem Ghetto aufstieg, und nicht hören konnte, was in der Stadt erzählt wurde.

Ich ging zur Ghettomauer und sah von außen, was drinnen geschah. Es gibt keinen schlimmeren Anblick als brennende Menschen, die aus Fenstern springen. Aber ich musste hingehen und es noch einmal von außen sehen. Vielleicht deshalb, denke ich, weil irgendein Teil von mir im Ghetto geblieben war, bei den Juden. Und vielleicht auch, um zu sehen, welchem Schicksal ich entgangen war.

Die Häuser brannten. Die Menschen waren gefangen. Und wer versuchte, sich zu retten, wurde von den Deutschen und ihren Helfershelfern erschossen. Manche sprangen einfach aus den Fenstern, um ihrem Leiden ein Ende zu machen. Von dem Platz aus, wo wir standen, Polen, Deutsche und die Feuerwehr, konnte ich sehen, wie ein alter Mann mit zwei Kindern auf einen Balkon trat. Alles um ihn war in Flammen gehüllt. Er verband jedem Kind mit einem Tuch die Augen und dann warf er sie nacheinander hinunter. Der Balkon war im fünften Stock. Danach sprang er hinterher.

Noch als ich dort war, im Ghetto, war mir der ketzerische Gedanke gekommen, dass es keinen Gott gab. Ich erinnere mich, wie ich vor mir selbst erschrak, denn ich war darauf angewiesen, mit Gott eine gute Beziehung zu haben, damit er mir half, wieder hinauszukommen. Aber der Gedanke schien mir einfach und logisch: Es gibt keinen Gott. Einfach so, es gibt ihn nicht. Wir, die Menschen, und eigentlich auch alle Tiere, sind allein auf der Welt. Und alles, was wir tun, bleibt letztlich unsere Sache.

Aber wenn ich heute darüber nachdenke, weiß ich, dass das nicht stimmt. Denn die Logik des Gedankens passt nicht zu dem, was ich fühle. Nicht nur, wenn ich bete. Auch wenn ich darüber nachdenke und mein Inneres erforsche, finde ich wirklich etwas, das nicht von mir selbst kommt. Ich will damit nicht sagen, dass ich Gott in mir fühle, das nicht. Aber es kommt mir so vor, als könnte ich durch mich hindurch das Große fühlen.

Meine Mutter. Nachdem ich nach Hause gekommen war und sie mich immer wieder umarmt und an meinem Hals geweint hatte, als wäre ich aus einer anderen Welt zurückgekommen (was eigentlich auch stimmte), fragte sie mich dauernd, was ich gesehen hatte, immer wieder. Dann beschloss sie, selbst zur Mauer zu gehen. Sie wollte mit eigenen Augen sehen, was vor sich ging.

Die Deutschen erlaubten den Polen zuzuschauen. Sie ließen sogar zu, dass Kinder neben den Maschinengewehren standen, wenn sie ins Ghetto hineinschossen.

Meine Mutter ging hin und kam krank zurück. Nicht nur wegen dem, was sie gesehen hatte, sondern auch wegen dem, was unsere Leute auf der Straße gesagt hatten. Sogar Leute, die Mitleid mit den jüdischen Kindern hatten, sagten manchmal: »Gut, dass wir sie los sind.« Meine Mutter erzählte auch, dass auf dem Krasinskiplatz Karussells aufgestellt waren, wegen des nahen Osterfestes. Dort würden sich die Leute bei lauter Musik amüsieren, bei lauter Musik, direkt neben der Mauer, und über ihnen stieg der Rauch von den Häusern auf, die auf der anderen Seite brannten.

Zu Beginn des Aufstands war die Begeisterung der Polen groß gewesen, schon wegen der Überraschung. Sogar Leute wie unser Portier staunten darüber, was die Juden fertigbrachten. Aber als der Aufstand andauerte, als die letzten Aufständischen im Ghetto weiterkämpften, fingen unsere Bürger an zu klagen über den Rauch, über die Störungen im Straßenbahnverkehr. Sie hatten sich schon daran gewöhnt, was im Ghetto passierte, und regten sich nicht mehr auf. Die Schüsse und die Explosionen störten ihren nächtlichen Schlaf.

Meine Mutter sagte, sie könne ihr normales Leben nicht weiterführen, als sei nichts geschehen, während die Leute dort verbrannten. Antoni hatte seine eigenen Gründe. Er besorgte ärztliche Atteste, für sich und meine Mutter über irgendetwas wie Lungenentzündung, für mich, für die Schule, über Windpocken, und dann fuhren wir los.

Eines Morgens, wir waren schon im Dorf, rief Antoni mich zu seinem Bett und bat mich, ich sollte mich kurz zu ihm setzen.

Ich setzte mich.

»Ich möchte dich etwas fragen.«

»Gut, ich höre«, sagte ich, als er schon zu lange schwieg.

»Weißt du, was ich dich fragen möchte?«

»Nein.« Ich wusste es wirklich nicht.

»Bist du einverstanden, dass ich dich als Sohn annehme?«

Ich tat, als würde ich nachdenken, dann stimmte ich zu. Und ich glaube nicht, dass ich deshalb einverstanden war, weil ich keine Wahl hatte.

»Du kannst mich auch nach der Adoption weiter Antoni nennen«, sagte er. »Und jetzt geh und hole mir ein Glas Wasser.«

Ich ging. Ich hatte auch nicht vorgehabt, ihn Vater zu nennen.

Es war, glaube ich, das erste Mal in meinem Leben, dass ich Antoni gerührt sah, außer wenn er betrunken war.

Nachwort

Anfang Mai dieses Jahres sah ich in den Fernsehnachrichten die rauchenden Trümmer eines polnischen Flugzeugs, das in einem Wald bei Warschau abgestürzt war. Alle Passagiere und die Besatzungsmitglieder waren bei dem Absturz ums Leben gekommen.

Erst später erfuhr ich, dass Marek unter ihnen gewesen war.

Marek war ein polnischer Journalist. Wir hatten uns angefreundet, als er Jerusalem besucht hatte. Unsere Freundschaft hatte damit begonnen, dass wir uns zufällig bei gemeinsamen Bekannten kennenlernten. Wir saßen einen Abend lang zusammen und tranken Wodka, und da er ungefähr so alt war wie ich, dauerte es nicht lange und wir waren in dem besetzten Warschau unserer Kindheit. Eine Geschichte führte zur nächsten, eine Erinnerung zur anderen, und wir merkten nicht, wie die Stunden vergingen und die Flasche leer wurde. Gegen Morgen, bevor wir uns trennten, sagte ich zu ihm: »Ich habe eine Idee. Ich hole dich ab und wir fahren zusammen in den Norden des Landes. Ich kann mir ganz leicht ein paar Tage freinehmen.«

Er nahm den Vorschlag begeistert an und wir trennten uns mit einem freundschaftlichen Händedruck.

Am nächsten Tag stand ich mittags auf, nüchtern und ernüchtert, hatte Kopfschmerzen vom Trinken und verfluchte meinen Leichtsinn und das Versprechen, das ich ihm gegeben hatte. Ich überlegte mir alle möglichen Ausreden, um das Schicksal abzuwenden, von seltsamen und ausgefallenen Krankheiten bis hin zu schrecklichen Unglücksfällen, die mir plötzlich hätten passiert sein können. Aber als ich am Telefon seine begeisterte und erwartungsvolle Stimme hörte, brachte ich es nicht übers Herz, abzusagen.

Also machte ich eine gute Miene dazu und betrauerte insgeheim die Tage, die ich auf tausend andere Arten hätte zubringen können. Und so verließen wir Jerusalem. Aber bereits nach dem ersten Tag tat es mir nicht mehr leid, und in den vier Tagen, die wir durch Nordisrael fuhren, durch Galiläa und über die Golanhöhen, kamen wir in unseren Gesprächen von der Gegenwart auf die Vergangenheit. Ich sprach vom heutigen Israel und dem früheren, und er erzählte mir die Geschichte seiner Kindheit, die mich immer stärker in ihren Bann zog. Es waren vier Tage, die ich nie im Leben vergessen werde.

Als wir zurückkamen, setzte ich mich sofort hin und machte mir Notizen, um seine Geschichte zu schreiben. Natürlich hatte ich die Absicht, seine Erlaubnis einzuholen, aber er kam mir zuvor. Vielleicht hatte er es geahnt. Er setzte sich mit mir in Verbindung und bat mich um das Versprechen, die Geschichte, die er mir erzählt hatte, nicht zu verwenden.

»Wie hast du das gewusst?«, fragte ich und fügte sofort hinzu: »Natürlich tut es mir ein bisschen leid, darauf zu verzichten, aber ich freue mich, dass du dich entschlossen hast, deine Geschichte selbst zu schreiben.«

»Nein, nein.« Er erschrak regelrecht. »Du verstehst … In Polen … Wenn man das erfährt …«

»Wenn wer es erfährt?«, fragte ich.

»Nun«, sagte er, »die Familie, die Freunde, das Büro.« Er zögerte einen Moment, dann fügte er hinzu: »Sogar meine Frau. Niemand weiß etwas von meiner Herkunft. Bei uns ist das heute immer noch eine empfindliche Angelegenheit.«

Ich versuchte es noch einmal. »Aber wenn ich die Geschichte schreibe, erscheint sie nur in Hebräisch.«

»Am Ende kommt sie doch zu uns«, sagte er. »Ich möchte, dass du es mir versprichst.« Mir war nun klar, dass er nie im Leben seine Geschichte schreiben würde.

»Ich möchte, dass du es mir versprichst«, sagte er noch einmal.

Ich hatte keine Wahl, ich gab ihm mein Versprechen. Nach einer Woche rief er mich wieder an, um sich zu verabschieden. Er erzählte mir, was er in den letzten Tagen unternommen hatte, und erinnerte mich an mein Versprechen.

»Es tut mir noch immer leid«, sagte ich. »Aber versprochen ist versprochen.« Und leichthin fügte ich hinzu: »Aber nur, solange du lebst.«

»In Ordnung.« Er lachte. »Jetzt hast du einen guten Grund, länger zu leben als ich.«

Wir verabschiedeten uns mit der feierlichen Erklärung, dass wir uns wiedersehen würden, diesmal in Warschau.

Nur zwei Monate vergingen und hier sitze ich also und schreibe die Geschichte.

Jerusalem, 1987   *Uri Orlev*

Uri Orlev

Uri Orlev, geboren 1931 in Warschau, verbrachte
einen Teil seiner Kindheit im Warschauer Ghetto.
1943 wurde er mit seinem Bruder und der Tante
in das Konzentrationslager Bergen-Belsen deportiert.
Nach der Befreiung emigrierte er nach Israel, wo
er über zwanzig Jahre in einem Kibbuz arbeitete.
Er hat vier mittlerweile erwachsene Kinder und lebt
in Jerusalem.
Uri Orlev gehört zu den bedeutendsten israelischen
Kinder- und Jugendbuchautoren. Er schrieb zahl-
reiche Romane und Geschichten, die mehrfach ausgezeichnet und in viele Sprachen übersetzt wurden.
Für sein Gesamtwerk wurde der Autor mit dem
internationalen Hans-Christian-Andersen-Preis
geehrt.
Bei Beltz & Gelberg erschienen von Uri Orlev mehrere Bilderbücher sowie die Romane *Julek und die
Dame mit dem Hut*, *Lydia, Königin von Palästina*,
der autobiographische Roman *Die Bleisoldaten*,
Lauf, Junge, lauf und zuletzt *Das Tier in der Nacht*.

Uri Orlev
Der Mann von der anderen Seite
Gelesen von Ulrich Pleitgen
Beltz & Gelberg Hörbuch (81013), 2 CD, ab 12

»Mit 14 Jahren gelangt Marek zum ersten Mal in das Warschauer Ghetto. Er begleitet seinen Stiefvater, der gegen Bezahlung Waren zu den jüdischen Bewohnern schmuggelt. Marek lernt dabei einen Juden persönlich kennen – was seine Meinung über diese Menschen und auch sein Leben grundlegend ändert. Ulrich Pleitgen liest diese Geschichte aus der NS-Zeit anrührend, aber nicht sentimental.«
hr2 Hörbuch-Bestenliste

Uri Orlev
Lauf, Junge, lauf
Aus dem Hebräischen von Mirjam Pressler
Roman, 232 Seiten (ab 12), Gulliver TB 78969
Auswahlliste zum Deutschen Jugendliteraturpreis

Jurek ist ungefähr neun, als ihm die Flucht aus dem Warschauer Ghetto gelingt. Bis zum Ende des Krieges wird er sich allein durch die Wälder schlagen. Er erlebt Unglaubliches, trifft Menschen, die ihm helfen, und solche, die ihn verraten werden. Ein ergreifendes Buch, erzählt aus der Perspektive des Kindes.

www.gulliver-welten.de
Beltz & Gelberg, Postfach 10 01 54, 69441 Weinheim

Mirjam Pressler
Malka Mai
Roman, 328 Seiten (ab 12), Gulliver TB 78594
Deutscher Bücherpreis

1943: Die jüdische Ärztin Hanna Mai flieht mit ihren Töchtern Minna und Malka vor den Nazis. Die drei wollen zu Fuß über die Karpaten, doch Malka wird krank. Schweren Herzens entschließt Hanna sich, das Kind bei Bauern zurückzulassen. Wird Malka ihre Mutter je wiedersehen?

Mirjam Pressler
Die Zeit der schlafenden Hunde
Roman, 272 Seiten (ab 14), Gulliver TB 78689

Johannas Eltern gehört das größte Modehaus der Stadt. Doch bei einem Besuch in Israel erfährt Johanna von den dunklen Flecken in der Firmengeschichte. Darf sie dazu schweigen? Oder soll sie schlafende Hunde wecken? Ein brisanter Roman über drei Generationen einer Familie und deren unterschiedlichen Umgang mit deutscher Vergangenheit!

www.gulliver-welten.de
Beltz & Gelberg, Postfach 10 01 54, 69441 Weinheim

Christine Nöstlinger
Maikäfer, flieg!
Mein Vater, das Kriegsende, Cohn und ich
Roman, 224 Seiten (ab 12), Gulliver TB 78475
Buxtehuder Bulle, Auswahlliste zum Deutschen Jugendbuchpreis

Diese Pulverlandgeschichte ist wirklich passiert. Sie handelt von sehr verschiedenen Menschen, von Trümmerbergen und von der Freundschaft, die ein neunjähriges Mädchen mit einem russischen Koch verbindet. Cohn, der Soldatenkoch, wird zum Symbol der Menschlichkeit in einer unmenschlichen Zeit. – Eine Familiengeschichte aus dem Nachkriegs-Wien, voll Komik und Tragik.

Christine Nöstlinger
Zwei Wochen im Mai
Mein Vater, der Rudi, der Hansi und ich
Roman, 208 Seiten (ab 12), Gulliver TB 78476

Den Frieden hat sich Christine ganz anders vorgestellt: mit Schinkensemmeln, schönen Kleidern und Dauerwellen im Haar. Doch so was können sich nur die leisten, die Schwarzhandel treiben oder »Beziehungen« haben. Und was ist mit dem Waschak-Rudi? Christine hat Angst vor ihm. Und sie lernt den Hansi lieben. Doch der einzige Mensch, dem sie wirklich vertraut, der Vater, zerstört ihr diese Liebe …

www.gulliver-welten.de
Beltz & Gelberg, Postfach 10 01 54, 69441 Weinheim

Klaus Kordon
Julians Bruder
Roman, 640 Seiten (ab 14), Gulliver TB 74004

Die Geschichte von Paul und Julian, die in Berlin wie Brüder aufwachsen. Den Zweiten Weltkrieg überlebt Julian in Verstecken, denn er ist Jude. Nach dem Krieg könnte für die beiden endlich ein neues Leben beginnen, doch nach wenigen Tagen Frieden geraten sie in die sowjetische Gefangenschaft.

Arnulf Zitelmann
Paule Pizolka oder
Eine Flucht durch Deutschland
Roman, 384 Seiten (ab 14), Gulliver TB 78768
Gustav Heinemann-Friedenspreis

Als Paule Pizolka, 16 Jahre, zur Musterung eingezogen werden soll, haut er ab, denn er glaubt nicht an Hitlers Krieg. Auf seiner Flucht quer durchs Deutsche Reich erlebt er die Schrecken, die 1942 zum normalen Alltag gehören. Die schlimmste Zeit macht er jedoch im Jugend-KZ Moringen durch. Wäre da nicht Ulla, die er liebt, hätte er längst aufgegeben.

www.gulliver-welten.de
Beltz & Gelberg, Postfach 10 01 54, 69441 Weinheim

Josef Holub
Der rote Nepomuk
Mit einem Nachwort von Peter Härtling
Roman, 208 Seiten (ab 12), Gulliver TB 78262
Peter-Härtling-Preis der Stadt Weinheim
Oldenburger Jugendbuchpreis

Pepitschek und Jirschi, der eine Deutscher, der andere Tscheche, sind die besten Freunde. Einen prallen Sommer lang erleben sie in Böhmen das Paradies. Bis Hitlers Truppen die Grenze ziehen zwischen den Deutschen und den »Böhmacken«.

Josef Holub
Lausige Zeiten
Roman, 276 Seiten (ab 14), Gulliver TB 78838
Zürcher Jugendbuchpreis »La vache qui lit«

Erzählt wird von einer deutsch-böhmischen Kleinstadt, mitten im Krieg, und vor allem vom vierzehnjährigen Josef, der einmal etwas Besseres werden soll. Deshalb wird er Schüler der Lehrerbildungsanstalt, in der man aus gewöhnlichen Jungen überzeugte Nazi-Lehrer machen möchte. Wäre da nicht noch Florian, wüsste Josef nicht, wie er es aushalten sollte.

www.gulliver-welten.de
Beltz & Gelberg, Postfach 10 01 54, 69441 Weinheim

Mirjam Pressler
Ich sehne mich so
Die Lebensgeschichte der Anne Frank
Mit Fotos, 216 Seiten (ab 14), Gulliver TB 78806

Durch ihr Tagebuch wurde Anne Frank (1929–1945) weltberühmt. Mirjam Pressler entwirft ein lebendiges Bild des deutsch-jüdischen Mädchens mit all seinen Widersprüchen, Begabungen und Sehnsüchten und zeichnet Annes Leben nach – von der Zeit des Untertauchens bis zu ihrem Tod 1945 im Konzentrationslager Bergen-Belsen.

Klaus Kordon
Die Zeit ist kaputt
Die Lebensgeschichte des Erich Kästner
Mit Fotos, 328 Seiten (ab 14), Gulliver TB 78782
Deutscher Jugendliteraturpreis

Erich Kästner (1899–1974) ist einer der vielseitigsten deutschen Autoren unseres Jahrhunderts. Als politischer Publizist war er Mitarbeiter der »Weltbühne«, als Schriftsteller machten ihn seine Kinderbücher berühmt. Die Nazis verbrannten seine Bücher, doch Kästner blieb in Deutschland, als hellwacher Beobachter der Zeit, der sich nie scheute, politisch und literarisch Partei zu ergreifen.

www.gulliver-welten.de
Beltz & Gelberg, Postfach 10 01 54, 69441 Weinheim

Manfred Mai
Deutsche Geschichte
Mit Bildern von Julian Jusim
200 Seiten (ab 12), Gulliver TB 75524

Die deutsche Geschichte auf gerade einmal zweihundert Seiten zu erzählen ist ein mutiges Unterfangen. Manfred Mai hat selbst Geschichte unterrichtet und kennt dieses Dilemma. Er zeichnet die großen Linien der deutschen Geschichte nach und erzählt anschaulich und lebendig von ihren wichtigen Ereignissen und Personen. So ist ein Buch entstanden, das zeigt, wie spannend Geschichte sein kann.

Manfred Mai
Lesebuch zur deutschen Geschichte
288 Seiten (ab 12), Gulliver TB 75513

Eine Möglichkeit, Geschichte anschaulich zu erzählen, ist, sie in Geschichten zu erzählen. Ursula Wölfel, Karla Schneider, Dietlof Reiche, Klaus Kordon oder Peter Härtling haben in ihren Romanen von beinahe allen Epochen der deutschen Geschichte erzählt. Manfred Mai hat Auszüge aus solchen Romanen ausgewählt und in den jeweiligen Zeitzusammenhang gestellt.

www.gulliver-welten.de
Beltz & Gelberg, Postfach 10 01 54, 69441 Weinheim